殉ずるものたち

仙台藩のキリシタン時代から幕末・維新

千葉 茂

郁朋社

はじめに

東北最後のキリシタン殉教地といわれている大籠《おおかご》にある「大籠キリシタン資料館」（一関市藤沢町）へは、藤沢の町から大籠に向かう道路脇に、ハセバ（掛場）首塚、トキゾー沢刑場、保登子《ほどこ》首塚が連なっている。資料館が近くなると、上野刑場、祭畑刑場、地蔵の辻の殉教地から大籠川が血で真っ赤になったことを想像すると、恐ろしくなってくる。そして、資料館と殉教公園を東から取り囲むように千松兄弟と上ノ袖首塚の殉教跡地がある。「大籠キリシタン資料館」と「大籠キリシタン殉教公園」はこのような殉教のど真ん中にあるのだ。

「大籠キリシタン殉教公園」は、資料館上部の山一帯が公園になっている。頂上には、舟越保武《ふなこしやすたけ》の《十字架のイエス・キリスト》が設置されている「大籠殉教記念クルス館」がある。

その途中に「殉教公園の碑」が起承転結（合）のように配置されているようだ。

起（登りの1段目）

栄光あれ

おのがいのち失うとも

主を信じ　主をた々え
藤沢の大籠の空高く
昇り給ひし　御霊の上に
一九九五　秋
マリアマグダレエサ
　　田中　澄江

承（登り初め20段目あたり）
たたなる緑の丘の
ここ大籠の地に立つと
キリストにならい己が命
を捧げ　永遠の命を得た
人々の霊がこの平安
と美を現出させた気が
して私は深い感動と
安堵を覚える
一九九六　十一　加賀乙彦

転（頂上近く）
「わたしは夕暮れ近くこの街道を歩いたのだが、点々と残っている首塚や処刑場の跡に寒けさえおぼえたのであった。九州の切支丹遺跡を訪ねてもこんな陰惨な感じをあたえる場所はなかった。
ここは文字どおり東北切支丹の最後の聖地であろうと思えた」『切支丹時代』
こういう公園ができて本当に良かった
多くの人々の目にふれて
殉教という史実は現代人に
何を感じさせるだろう。
平成七年十月
ポウロ　フランソワ
遠藤周作

結（合）（頂上のクルス館前）
キリスト者であろうと　なかろうと
ここに佇む人に
永遠で不変の価値がこの世にあることを
殉教者は告げています
この世のでき事よりも
神とともにある永遠の生命を
殉教者は選びました
現代に生きる私たちも

永遠の生命に生きるよう
殉教者は招いています
仙台司教
佐藤　与敬

田中澄江の一種の提起によって、藤沢の大籠での信仰のための殉教をたたえ、加賀乙彦により田中の句を受けて詩意を発展させ、殉教が永遠の命を得たことを述べている。場面を転換するような遠藤周作の句が、現代に生きる人間として殉教をどう捉えるのかという意表の問いかけをしている。

遠藤の句を受けつつ、佐藤司教は、殉教者の立場から、現代に生きる私たちに神とともにある永遠の生命を生きるようにと誘い、余韻をもって全体を収束している。

遠藤の問いかけにあるように、現代人にとって、信仰を棄てずに、なぜ殉教したのか、なぜ殉教できたのか、そのことがわからないままで、佐藤司教の真理である「神とともにある永遠の生命を生きる」ことを理解するのは至難であろう。

その至難を乗り越えるため、これから、キリシタン弾圧時における慶長遣欧使節支倉常長《はせくらつねなが》、東北切支丹筆頭者後藤寿庵《じゅあん》、隠れ切支丹か隠し念仏の水沢領藩士山崎杢左衛門《もくざえもん》、幕末時奥羽越列藩同盟を主導し、その責任で処刑された但木土佐《ただきとさ》と坂英力《えいりき》、但木土佐の家臣で切腹した山野川廣人《ひろと》を通して、殉教と処刑、殉死のことを現代人が考える契機としたい。

殉教と処刑、殉死は、全てが死であるが、生き様でもある。主とともにいる殉教、国事犯としての処刑、主人とともにいる殉死各々が異質ではあるが、「誰かに殉ずる」「誰かとともに生きる」という意味に於いて、現代人が想像を働かせなければわからない殉教と殉死を区別し、その双方を理解するためにあえて同列に論じることにした。

殉教は、人間と社会での関係における現世的価値・利益を求める生活の次元から、遠藤、佐藤神父が捉えるように「あの人＝神」とともにいる魂の次元への移行であり、緊張した難儀な理解を克えたものがともなうことも承知している。

さらに「神の創造物は神の意志のみで生死を決める」ということで、自死を戒めていることも承知して、自死である殉死を同列に扱うことに抵抗感があるかもしれないが、前に触れたように現代人が殉教と殉死をわかるための方法としてのアプローチと理解してほしい。

「キリシタン」は宣教師と「切支丹」を含めた一般名詞的に使用し、「切支丹」は国内のキリスト教信者の固有名詞的に使用している。厳密に区別できない場合、文脈から表記している。

殉ずるものたち／目次

殉ずるものたち

——仙台藩のキリシタン時代から幕末・維新——

第1章　慶長遣欧使節支倉常長の終焉

慶長遣欧使節の概要は、次のように一般的に流布している。慶長18年（1613）9月15日に政宗が、幕府のイスパニア通商政策を継承し、支倉常長を政宗の遣欧使節とし、正宗の遣欧使節と幕府の使節を兼ねるルイス・ソテロ、イスパニアの答礼使ビスカイノに出帆を命じ、その一行は南蛮人40人を含む合計180余人であった。常長の帰国は、後にキリスト教を棄教する横沢将監が二度目の出航のサン・ファン・バウティスタ号でアカプルコまで迎えに行くが、フィリピンで2年間滞在せざるを得ず、元和6年（1620）8月26日長崎に帰朝し、9月22日帰仙した。約7年間の派遣事業であった。

この間には幕府より2度の禁教令が布告され、政宗は、常長の帰国を受けてのタイミングで、仙台領に禁教令を発し、今までの切支丹に対して寛容だという汚名を払うための大弾圧を行なう。

支倉常長の遣欧使節は、現在、日本の歴史上の快挙と衆目が一致することであるが、仙台藩滅亡時の藩の財産処分の際、今、国宝となっている支倉常長画像（仙台市博物館所蔵）が売り飛ばされる直前に発見され、地元仙台の篤志家が買い入れたといわれているぐらい知られていなかった。

また、明治5年の岩倉使節がローマで「長経」（常長）と署名した文書を閲覧したが、常長以前の天正少年遣欧使節の文書と思い込んでいたことでもわかるように、当時は誰もが常長遣欧使節の快挙を事実とは思っていなかった。明治の中期ごろまでに約250年以上の沈黙を破って、遣欧使節が事実であり、バチカンからの史料で反証することになった。

遣欧使節の概要が一般に流布したのは、常長の遣欧使節が歴史上偉大な事実であり、明治以降、多くの常長研究者の成果が多くの人たちに知れ渡ったことからであろう。

その最近の水準となる『仙台市史　特別編8　慶長遣欧使節』(平成22年3月31日・仙台市)は、アマーティ著『伊達政宗遣欧使節記』を一世紀ぶりの全訳によって使節の行程を示し、それに関連する文献を紹介している。それに、遣欧使節に関する研究者の論文が収まっている。

しかし、常長の使節任命年とそれに伴う領地替え、その領地替えの知行地と常長の墓、すなわち、出発前と帰仙後の終焉について、『仙台市史』他でも軽く触れているだけである。

これらは、現在まで歴史の謎といわれ、明治の大槻文彦氏はじめ多くの研究者がテーマとしてきたが、定説はない。

政宗は支倉常長には棄教と逼塞を命じたとされるが、それ以降のことは謎である。記録によると棄教したという説が流布していたが、その真意は何だったのだろうか。さらに、使節として所期の通商締結の任務を果たせなかった常長はどのような思いで最期を受け入れたのだろうか。

これらの常長終焉すなわちキリスト教を棄教したのか、信仰を続けたのかを見るにあたり、幾人かの研究者の成果を基に、この歴史の謎の解明に臨む。そのためのキーワードは、「使節任命年」と「領地替え知行地」そして「常長の墓」である。父の切腹に連座して追放された常長が使節に任命された年にそれと同時に知行地が交換され、その知行地で最期を迎え、常長がそこで埋葬されたといわれる墓を探ることが謎解きへの糸口となろう。

支倉常長は、遣欧中の文書には「長経」の署名をしている。「つねなが」を「ながつね」と読みを入れ替え、「常」を「経」に替えている。父の切腹、それに連座して自身が追放ということになっていたが使節に任じられ、自身が生まれ変わる意味で読みと文字を替え、代々踏襲されていた支倉家の「常」の文字を捨てたのではないだろうか。

その署名は、渡航中のイスパニア、ローマでの署名、復路のフィリピンから息子・常頼に出した手紙にもあることから、出発前から使用し、政宗も承知していたのかもしれない。渡航にあたり生まれ変わった常長の覚悟と後顧の憂いがないようにという政宗の配慮が窺える。しかし、詳細については別稿のテーマとし、支倉家代々「常」を踏襲していることから、本稿では「常長」と表記する。

支倉常長の出自と遣欧使節の意義

支倉氏の始祖は、伊藤壱岐守常久であり、伊達氏始祖朝宗に仕え、戦功により信夫《しのぶ》郡山口村（福島市）、柴田郡支倉村を得て、支倉氏を名乗る。十五代紀伊守時正は、輝宗、政宗に仕え、千二百石を与えられた。時正は、嗣子として、弟の山口常成の子六右衛門常長を定めた。

常長は、天正19年（１５９１）九戸政実、稗貫《ひえぬき》重綱の乱、加美郡宮崎の城攻めに出陣し、文禄元年

（1592）葛西・大崎一揆の残党処分と文禄の役に出陣し、功を上げ、胆沢郡小山村（奥羽市胆沢区小山）に加恩、知行地を得た。

養父時正が晩年に実子助次郎をもうけたため、政宗の命により、助次郎六百石、六右衛門六百石の分家とした。慶長年間に時正の実子二番目新右衛門常次が百四十石（のち三百六十六石）を受け、支倉家は三家になった。

常長のこの遣欧使節（ソテロの幕府使節も含む）について概観し、この使節の歴史的意義を見ていきたい。この使節派遣前の幕府による遣欧使節派遣については、大方の人はその存在を知らない。常長の派遣のみが伊達政宗の野望とともに取りざたされているが、幕府の使節派遣から、伊達政宗へと続く連続性から遣欧使節の意図が見えてくる。


慶長5年（1600）オランダ船リーフデ号豊後漂着（水先案内人英国人ウイリアム・アダムス幕府の顧問となり、イスパニア人排斥、切支丹迫害の要因となる）

慶長14年（1609）日蘭貿易
9月フィリピン太守ドン・ロドリゴ・デ・ビベーロは、フィリピンから新イスパニア（ヌエバ・エスパーニャ、メキシコ）に行く途中、破船、上総岩和田に漂着し、家康と通商・布教を交渉する

慶長15年（1610）8月（A）ビベーロのイスパニアへの帰航と新イスパニア貿易準備のため田中勝助等も出航

慶長16年（1611）5月1日イスパニア国王答礼使セバスチャン・ビスカイノ来日（田中勝助帰国）将軍秀忠、大御所家康に謁見
10月4日ビスカイノ海岸測量（金銀島探索）のため来仙
11月23日ルイス・ソテロ来仙、政宗より布教許可を受ける
慶長17年（1612）10月3日（B）徳川家康、ソテロを通商のためイスパニアへ派遣（伊達政宗の臣下2名も含む）派遣の新造船サンセバスチャン号浦賀沖で難破する
英国との通商

幕府は、（A）と（B）を企図して、新イスパニア（ヌエバ・エスパーニャ、メキシコ）との交易を実現しようとしていた。しかし、（B）を最後にイスパニアとの交易をあきらめた。その交易はキリスト教の布教を禁じ、通商のみを行なうものであったが、その禁教部分が抜け落ちてイスパニア側に届いていたようだ。イエズス会に替わるフランシスコ会の教勢拡大のためにソテロが意図的に「禁教」を削除したと思われるが、はっきりしない。幕府は、布教と通商一体のイスパニアに替わる、キリスト教の布教とは一線を画するオランダ、イギリスとのフィリピン交易、朱印船貿易にシフトしていった。

慶長18年（1613）6月27日ソテロ捕縛（礼拝所と癩病収容所を城塞との誤伝により、禁錮）
7月12日ソテロを伊達政宗が救出

9月15日伊達政宗、幕府のイスパニア通商政策を継承。支倉常長政宗遣欧使節、政宗遣欧使節と幕府使節兼ねるソテロ、イスパニア答礼使ビスカイノも同行

慶長19年（1614）
12月16日支倉常長一行アカプルコに到着、常長除いて76人受洗
5月8日支倉常長と従者20余名、宣教師数名メキシコ市出発
10月5日支倉一行、スペイン、サン・ルカル・デ・バルラメダ着
12月20日支倉一行、マドリッド着

慶長20年（1615）
1月20日フェリッペ三世に謁見（政宗の書翰・協約案、（C）家康の親善・通商希望書翰、二十六聖殉教者の諡聖《しせい》を請う「日本きりしたんの請願書」を奉呈）
2月17日支倉常長、ドン・フィリッポ・フランシスコの霊名の下受洗
8月22日支倉一行、マドリッド発
10月25日支倉一行ローマ着、パウロ五世に謁見
11月23日支倉常長はローマの公民の貴族に、他随員4名はローマ市の公民権が贈られた。

慶長21年（1616）
12月27日教皇パウロ五世より伊達政宗への書翰（速やかに洗礼を受けること、交易はイスパニア王フェリッペに交渉させること）

幕府は、オランダ、イギリスとの交易と朱印船貿易へのシフトに傾いていたが、それでも伊達政宗の遣欧使節派遣において、外交を把握する国の宰主として、ソテロに幕府の使節を兼ねさせ、支倉常長の1615年フイリッペ三世謁見時に（C）家康の親善・通商希望書翰を奉呈した。幕府としては、伊達政宗の遣欧使節を許可したものの、あわよくば禁教を前提とした通商を、伊達政宗ではなく、自分たちが実現できるように仕向けていたのかもしれない。

支倉使節の請願は政宗の書翰から次のようにまとめることができる。

一　サンフランシスコ・オブセルバンシャ派の宣教師を派遣して、之に他の宣教師に与えたる特権を与えること
二　一人の大司教を任命し、之を奥州に置くこと
三　イスパニア国王の領国と貿易を開くこと
四　政宗に剣と帽とを贈り、親任式を挙ぐること
五　司教の任命権と騎士団とを設置すること

一、二、三は、その決定をイスパニア王の裁量に一任された。四、五は政宗が洗礼を受け、会堂を寄進した後に許すとした。その他の「日本きりしたんの請願書」の信徒の請願に対する回答は、パウロ五世の次の書翰（概要）によってわかる。

大司教を置くことについて、希望に応じることはできない。教会の法規によって大司教は数名の司

教の上に立つべきもので、信者が増え多数の司教を置くことになったならば考えよう。二十六聖殉教の謚聖については、フランシスコ会の宣教師にして、キリストの名においてその血を流したものを殉教者と認定することは、教会の法規に規定する委員、並びに聖なる教会が之を調査すると回答している。

支倉一行がマドリッドに着いたときにも、教皇周辺は、一行を正式なものではないということでローマ教皇に謁見することを反対し、一行が帰途に着く際にも、使節の資格を疑い、日本での迫害の報告がイエズス会よりあり、信用がおけないとしていたが、過分の待遇と名誉を使節に与えた。そのような使節の根拠が薄いのはソテロが嘘の申し立てをしていたことで、大変憤慨したからだと教皇大使の記録が残っている。

1617年6月常長の随員ほとんどが軍艦で新イスパニア（ヌエバ・エスパーニャ、メキシコ）へ先発した。常長とソテロは、病を口実に残留し、請願の貫徹に努めたが、遂に志を得ず、1617年末か翌年初めに新イスパニアに着いた。

支倉常長による宣教師の派遣と新イスパニアの交易請願運動は、実質1614年～1617年の3年間であった。常長等の受洗は、請願達成のためであったと思われるが、交渉に臨む常長の覚悟の現れでもあったのか。その覚悟も無残に砕け、帰国し藩主政宗に復命する使命しかなかった。帰国までの3年間は、主命を達成できなかった慰めを神への祈りに救いを求める年月ではなかったか。

請願が達成できなかった背景を考えると、遣欧使節出発の時からの幕府のオランダ、イギリスとのフィリピン交易がなされていたことが大きかった。フィリピン交易の商人たちは、イスパニアと幕府・

仙台藩の参入によって、収益が減ることから支倉使節への誹謗・中傷を教皇周辺へ伝えていた。

さらに、ソテロとイスパニア国王答礼使セバスチャン・ビスカイノとの衝突であった。ソテロが遣欧使節を献策した際、勝手な行動を取り、同僚からの信頼を失っているビスカイノをこの計画から外したことが故国に戻り、ビスカイノからソテロへの批判につながった。また、ソテロと反駁していた在日のイエズス会側から、ソテロの虚言、例えば日本での迫害が止まっていること、迫害は政宗の奥羽には及んでいないこと、政宗は臣下をキリスト教徒にし、自分もキリスト教に帰依し、キリスト教徒30万人を部下として皇帝にならんとしていることなどが全くの嘘であることを指摘してきた。

遣欧使節の請願は行く前から、物理的な航海の難儀よりも大きな障害を持っていたのである。これは、伊達政宗の判断ミスが生みだしたことである。幕府の外交権限と交易を過小評価し、見誤ったのである。西国キリシタン大名の交易が幕府の権限を越えて存在していた豊臣政権期を政宗は過大視していた。それが幕府からの制限がなく、仙台領でも交易が可能であるというおごりにつながったのである。

そのおごりが、幕府より政宗に委託されたと思われる遣欧使節派遣が幕府の外交権限の一部を委譲されたという見誤りにつながっていくのである。

幕府が交易の請願書を日本国の皇帝として出しておるにも拘わらず、支倉一行が日本国皇帝からの使節でないことにイスパニアとして、単なる遣いの伊達政宗をまともに相手にできるわけがないのである。

さらに、伊達政宗は、奥州をキリスト教国にするために大司教派遣と交易を求めているが、幕府のキリスト教弾圧策を見くびっていたとしか思えない。幕府の布教と通商の分離と政宗の布教と通商一体の違いを、仙台領だけでも布教が可能であるという思い込みで何とかできるという読みである。政宗にはそれだけの力量と度胸、財力を持っているからこそ、家康は政宗を怖れ、互いの了解のもとで互いの使節を派遣する懐柔を仕向けていたのである。

国内でのキリシタン弾圧及び幕府のフィリピンとの交易が遣欧使節の目標達成の障害だったことは、常長等には関係ないところで起き、不運であった。

しかし、ソテロ、幕府、政宗三者とも利用しあっていたと思われるが、ソテロを利用していた政宗がソテロ以外のイエズス会との情報を聞き入れないでソテロの情報を鵜呑みにしていたことから齟齬《そご》が生まれたと思われる。

支倉常長と田中勝助の推挙で政宗に仕えたといわれている後藤寿庵は、ソテロと同じフランシスコ会でありながら、フランシスコ会が弾圧に対して信者を庇護せず、地に足が着いていないソテロの遣欧の建言には反対した。逆に、寿庵は、地道に活動するイエズス会ゼロニモ・デ・アンゼリス、ディゴ・カルバリヨと接し、頼りにしていた。

しかし、後藤寿庵の意見などは聞き入れられず、ソテロの計画通りに遣欧の準備が進んでいった。イエズス会のアンゼリス、カルバリヨの文書が、ソテロの嘘を暴き、常長の使節の目的を失敗させるとは皮肉な結末であった。そして、この皮肉な結末によって、後藤寿庵は追放され、宣教師の両者は殉教するのである。

幕府は、常長の遣欧使節派遣の翌年以降、大坂の冬・夏の陣と続き、豊臣政権を滅ぼす。豊臣政権とキリシタン勢力がくっつくことを警戒してキリシタン弾圧に踏み込んだ幕府は、豊臣政権を滅ぼし、弾圧する必要もなくなったはずなのに、家康死後さらに弾圧を強化するようになった。仮に、家康の時代が続いていたならば、幕府、政宗のイスパニアとの通商交易がなされて日本におけるキリスト教の迫害・弾圧はなかったかもしれない。

常長の遣欧使節は、通商交易がなされるかどうかによって、キリスト教の布教か禁教かの選択という、日本の国のあり方が大きく左右される分岐点の外交であった。

そう考えると、常長の任務の成否は日本の歴史及び世界、特に東アジアの地政学的なあり方、イスパニア、ポルトガルの旧教国とイギリス、オランダの新教国の勢力図ががらりと変わるものであった。常長の遣欧使節は、日本を含む世界の歴史に一石を投じるものであった。その波紋が大きなうねりとなって世界を動かす可能性があったことから、使節の意義を再検証する必要があるようだ。各国の地道な研究成果が結集され、政宗と常長の成し遂げた歴史的事実の正当な評価が下されることを期待したい。

ソテロの殉教

サン・ファン・バウティスタ号は、日本人航海士がいないことで日本に直行する場合にはイスパニア人を雇わなければならないこと、新任フィリピン長官赴任の便に活用されること、日本側における中国絹購入で莫大な利益を得る目論みのためにマニラに行くことになった。

その後、マニラで勢力を増してきたオランダに対するため、サン・ファン・バウティスタ号はイスパニアに購入された。したがって、日本への直行船はなくなり、定期便を待つしかなかった。支倉一行は約2年間マニラにいて帰国したことになる。

しかし、ソテロは、同行が許されなかった。代わりに先発するディエゴ・デ・サンフランシスコが管区長として日本に遣わされ、その部下のフランシスコ・ガルベスにソテロからの政宗への書翰と贈り物を届けさせた。ソテロは、派内で完全に信用を失っていたのである。その後、ソテロは日本に再入国して殉教する。汚名返上のためなのか、神の導きなのか、誇大のほら吹きか、天性の罪を知らない人なのか、毀誉褒貶の多い人なのである。

前述したが、後藤寿庵はフランシスコ会に所属していたが、どうもソテロとは相性が悪い。寿庵は、最初はソテロを政宗に仲介などしていたようで、寿庵は遣欧使節に関与していたような記述もあるが、それは真からの関与ではないと思われる。遣欧使節に反対していた者が積極的に関与していたわけがない。家臣としての義務を果たしていたにすぎないと思われる。当時の遣欧使節の準備過程を知ることができるカルバリヨの文書は、ネタ元は寿庵と思われ、資料の少ない中での価値は大いにあるが、ソテロへの反感を差し引いて読み解くことが肝心であると思える。

寿庵は、仙台領内のキリスト教布教特区前提のキリスト教布教とまとめを政宗から特命されていたように思われる。その関わりから遣欧使節への関与がなされていたのではないか。

逆に、今まで常長の遣欧使節の関わりが、実父切腹による贖罪での使節任命からしか語られていないが、後述するように常長が、慶長17年かそれ以前の使節任命とするならば、慶長使節の実務的な仕事を寿庵よりも強く関わっていた可能性が高い。

常長は政宗の側近として働き、人物、才覚とも優れ、折衝にも卓越した能力を発揮しており、将来、今でいう秘書長官にあたる小姓頭に抜擢されるような人物であった。遣欧使節中のイスパニア王、教皇との謁見や、その側近から、気配りと、謙虚で、誠実な常長を賞賛している記録がこれを証明している。

常長は、幕府、ソテロとの折衝と準備を前面に立って行なっていたと思われ、常長なしでは遣欧使節を務める者はいなかったのである。期せずして、実父の切腹で連座して追放処分になったが、政宗は常長の前々の働きから、処分を取り消し、領地の回復と旧地の交換を行なったと思われる。

常長は、ソテロと相性の悪い後藤寿庵よりも、ソテロを包み込む抱擁力があったのではないだろうか。寿庵とソテロの相性の悪さは、フランシスコ会の福音の伝道などの不誠実から、親身に誠実に福音を地道に行なうイエズス会の宣教師との交流が盛んになっていくことにも現れてくる。日本語を流暢にこなし、大言壮語するソテロに寿庵は危うさを感じていたのかもしれない。ソテロの報告書には自分に都合のいい記述が見られるとか、日本宣教のトップを目指している野心がうかがえる態度で嫌われたようだが、それは、あふれる情熱の発露であるという同情的な意見もある。

出発時常長42歳とソテロ39歳は、約7年間、政宗の要望実現のために一心同体で臨んでいる。お互いを認め合う関係、霊的な関係であったと思われる。

遣欧使節出発の10年前、ソテロ29歳は慶長8年（1603）に一回目の来日をしている。日本語を学び、日本への布教に夢を膨らませての来日で、当時の日本はザビエル以来のイエズス会が主流であったが、彼の情熱あふれる言動が、徳川家康や伊達政宗との接見につながっていく。その後の彼の動きは、福音を広める布教よりも権力者に取り入り、イエズス会から布教の主流を奪おうとする勢いであった。

ソテロは、新イスパニア（ヌエバ・エスパーニャ、メキシコ）に行く途中難破して失敗したが、家康に取り入りイスパニアとの交渉により、メキシコ、フィリピンとの交易を企てた。次に伊達政宗との交渉で、イスパニア、ローマへの派遣を提案し、実現する。政宗は表向き領内のキリスト教布教をひろめることと同時に南蛮との交易を望んでいた。そのことは領民の教化を図る意図はなかったようだと、イエズス会の記録にある。しかし、切支丹の布教禁令が全国に出され、政宗が迫害者にまわった時には、仙台藩は南蛮交易を求めたのではなく、南蛮を攻略する目的であったと言い訳している。そうであれば、支倉常長の遣欧使節は単なる南蛮国の偵察であり、成果なく終わった余り意味のないことになる。

ソテロは、日本での布教のトップになることを諦めていない。ソテロの上司からは日本行きを反対されていた。ソテロの言動がイエズス会との軋轢を再び引き起こし布教に支障を来すことを心配していたのである。しかし、元和8年（1622）ソテロは、期せずして、支倉常長が7月1日、享年52で死去した年に日本人のルイス笹田司祭、ルイス馬場同宿（伝道者・説教者）2人の伴侶を連れて二回目の来日を果たした。伊達政宗への教皇等からの返書を持ってきたが捕縛され、大村で幽閉された。2人の日本人は長崎で入牢し棄教させるための拷問を受けながらも固く信仰を守った。

ソテロは、一回目の来日時に捕縛されながらも、伊達政宗から救出された。今回も政宗は外交奉行石母田大膳《いしもだ》を通じて救助嘆願したが幕府の禁教の圧力のため、全く相手にされなかった。元和10年（寛永元年・1624）8月25日、火あぶりでソテロと2人の伴侶及び2人の宣教師合計5人が大村で殉教した。

ディエゴ・デ・サンフランシスコの書簡、『ソテロ伝』の1625年の報告書にはソテロとその伴侶の殉教談を次のように記している。

ソテロが元和8年捕縛された時、長崎奉行長谷川権六との接見で、ソテロは、伊達政宗への返書を持参していること、自分が死にたくないのは肉の弱さであるが、デウスの御為に、刀か十字架かまたは火によって生命を献げることを願っていると死の覚悟を述べている。

元和10年（1624）7月12日、大村に5人を処刑するために集結させた。大村と長崎の牢に2年間も幽閉・拷問されていたことになる。大村に集結された5人は、火刑の宣告を受けて、喜んで互いにデウスに感謝し「ラ・デウム・ラウダムス」（われら神であるあなたを讃えん）を誦《とな》え、殉教のために奮い立った。5人に火がつけられ、彼らは「ラ・デウム・ラウダムス」を誦えて、デウスの御意に感謝した。日本人2人の伴侶が縛られた縄は直ぐに焼き切れた。一緒に己が師であるソテロの前へ行き、非常な信心を以て跪《ひざまつ》き、祝福を願い、デウスに祈ってくださいと頼んだ。ソテロの「私もデウスもあなたたちに前から備えられた永遠の生命の冠を得るために力があるように祝福します」を聞き終わってから、2人は自分の柱に戻り跪き、その美しい霊魂をデウスに返す時まで信仰を固守した。

支倉常長の死から2年が経っていた。

ソテロと伴侶2人の殉教の様子を、目撃した信徒からの報告に基づいて、ソテロを嘘つきで不信だとするフランシスコ会の日本管区長ディエゴ・デ・フランシスコが1625年の報告書（『ソテロ伝』）に記載している。そのこと自体、ソテロへの名誉が挽回されたように思える。

ソテロは、最期まで政宗への返書と常長の安否について気を張り詰めていた。彼の残した記録がそれを物語っている。牢屋にあって、信徒からの聞き語りを記し、管区長フランシスコを通してローマに報告している。

毀誉褒貶な人であるが、純粋に理想を語ることが大げさになってしまう、今で言う「お調子者」なのかもしれない。嘘だとは全く思ってもいない天性のサービス精神から出てくるものであったのだろう。それは罪深いことであるが、そこに通底するのは殉教に見られる死を恐れる彼の弱さであり、神を信ずる絶対の強さであったのだろう。それが交雑するのが毀誉褒貶と評される彼なのかもしれない。

常長の遣欧使節はソテロなしでは実現できなかった。それは、ソテロの夢と希望を託した事業であったことは再来日して覚悟の殉教で、想定内のように幕が降りたことからも頷ける。ソテロは夢、希望が破れたことで、自分で幕を引きたかったのであろうか。ソテロ享年51。

支倉常長への伊達政宗の対応

前述したように、常長は、慶長18年（1613）9月15日、遣欧使節として派遣され、約7年間を経た元和6年（1620）9月22日帰仙し、棄教、逼塞を命じられた。この帰国を受けて、伊達政宗は突然「切支丹令三箇条」を藩内に発した。

「一　将軍の意志に反して切支丹になった者は第一の罪人として棄教を命ず、これに反する時は、財産を没収し、追放或いは死刑に処す。
二　切支丹信徒を訴え出ずる者には褒賞と賞金を与う。
三　総ての伝道士は信仰を棄てざる限り追放を命ず。」（『イエズス会1621年度年報』）

この三箇条により今までの切支丹に対する寛容策を伊達政宗は改めた。支倉常長の帰国を受けて、その影響を恐れ、幕府の命を受けたのか、忖度したのかはわからないが、その変化の見せしめとして、元和6年11月6日に東北キリシタンの中心地胆沢郡見分村福原に近い水沢でわざわざ6人斬首の「所成敗」をした。

その2年後の元和8年（1622）7月1日支倉常長死去（享年52）、帰国して2年目であった。但し、1年目という説もあるが、後述での課題としたい。

支倉常長は棄教したと一般的に流布している。その常長の死を受けてかどうかわからないが、元和9年（1623）10月に徳川家光は江戸でゼロニモ・デ・アンゼリス、原主水、ガルベス他50人を火刑にした。そして、全国の諸侯に切支丹禁絶の厳命を下した。同年12月7日伊達政宗は家光から江戸城での供応後、切支丹禁絶の重責を負う羽目に至り、国元に急使を向かわせた。

後藤寿庵は、見分村福原千二百石の領主で、東北のキリシタンの第一人者である。元和3年のイエズス会への意見書、そして、イエズス会が殉教者を救うことをしていないという風聞に対して、全国の信者からその風聞は間違いであることを元和7年教皇への「奉答文」を東北の筆頭者として奉呈している。彼はヨーロッパでは知られている人物である。また、カルバリヨの指導を受けて、灌漑施設の「寿庵堰」を築き、砂漠のようだと言われた胆沢平野を肥沃な地にかえ、領民から慕われていた稀な領主であった。

政宗は外交奉行石母田大膳宗頼に後藤寿庵の説諭にあたるようにと「棄教三カ条」の直筆の誓紙を送った。

「第一　僅か一時間たりとも其屋敷内に宣教師を立入らしめぬこと。
第二　何人にも切支丹になったり、信仰を続けてゆくことを勧めない。
第三　領主から切支丹の法に従って生きる許しを得たことを秘密にすること。」

（『イエズス会1624年度年報』）

この説諭の「棄教三カ条」は、支倉常長が帰国した元和6年に政宗が棄教・逼塞を命じた時にも同じ内容で出されたのではなかったか。但し、常長に棄教・逼塞を申し出た時よりも後藤寿庵には幕府の強硬なキリシタン禁令対策のために強めの内容であったと思われる。

常長における対応は、「棄教三カ条」の第一の宣教師接見について、ソテロからの政宗への返書を持参し、歓待されたガルベスなどの宣教師の出入りが可能であったろうし、第二の信仰についても本人の意思にまかせる緩めの規制であったように思われる。第三の生きる許しを得たことを秘密にすることについては、寿庵と同じであろうと思われる。

常長と寿庵への政宗の対応は、個別で特別な配慮が働いている。この配慮は、常長が帰国した元和6年に出された前述した「切支丹令三箇条」が大前提になっていることは間違いない。

その三箇条の第一にあるように、切支丹は棄教する、しなければ財産を没収し、追放か死刑とする。後藤寿庵は逃亡し、それを許されている。しかし、常長は、寿庵のように逃亡・追放ではなく、常長の知行地で逼塞させている。逃亡させなくても逼塞という匿《かくま》いをして、うまく切り抜けられると判断したといえる。

政宗の命によって、幕府の眼をくらませるために両者ともが棄教するか隠遁・逃走・潜伏させている。捕縛して処刑という殉教をさせなかった。そして、どちらも終焉の地までの軌跡が謎に包まれている。

政宗にとって、常長と寿庵は切支丹ではあったが、寿庵にはイスパニアとの交易の前提となる仙台領内の布教の統括、常長には遣欧使節という特別な任務を命じたゆえに、切支丹として処刑することは主と家臣の主従関係であっても赦されることではなかった。むしろ、切支丹の特命を命じた者を処刑・殉教させることによって、主の命に疑義を抱き、切支丹を棄教した家臣たちが動揺をきたすことを恐れたのだと思われる。

この点については、政宗は支倉常長・後藤寿庵への主従を越えた信頼と二人が有する博愛の精神を認識していたと思われる。政宗自身も切支丹に改宗するとしたが、統治する者の不都合から改宗を取りやめたという説がある。また、娘の五六八《いろは》が切支丹という説もあるが、切支丹の容認によってイスパニアとの交易を目論んだ政宗にとっては、切支丹を重要視することは当然であるが、交易の失敗および幕府の禁教策によって切支丹を弾圧することも当たり前のことなのだろう。

しかし、既存の宗教にはない、新鮮で、自分たちを救ってくれるだろうという新風のキリスト教を味わった場合、既存の仏教等の宗教には満足できないでいたはずだ。それは宣教師の清貧の人格と生命を賭した使命感の魅力は、僧侶等とは全く比較にならない。政宗はそのことを知っていた。

支倉常長の遣欧使節の目的は、第一義に宣教師の派遣で次に交易であると親書に書かれてある。建前上、交易の前提となる宣教師派遣を第一義にしたのであろうが、政宗が弾圧に豹変したならば、イエズス会の記録には交易が第一義であったと政宗を批判している。

政宗は、親書にあるようにキリスト教を領地内に布教し、秀吉時代の切支丹大名のように自立することを夢見ていたのではないだろうか。それゆえに、後に遣欧使節を幕府に対して欧州を征伐するための視察だったとごまかしている。

政宗の真意はわからないが、政宗の天下取りの野望であるという説が生まれるように、イスパニアとの交易によって軍事的自立を目指していたとしか思えない。その背景になっていたキリスト教の布教が必要であったし、その人材を発掘、優遇していたと思われる。それが、支倉常長であり、後藤寿庵であったろうと思われる。転宗した横沢将監はじめ、転宗したといわれている外交奉行の石母田大膳への優遇にもそれらの片鱗が見え隠れする。

支倉常長の帰朝後から終焉と後藤寿庵の出自・終焉は謎だらけであるが、仙台藩領内の弾圧・迫害の中で、繰り返しになるが、この両者の逼塞・追放の処遇は、処刑ではなく、仙台城下の出入りも可能であり、また、宣教師の出入りもあり、家族、親族の信仰も黙認され、格段の配慮がなされているとしか思えない。

そのような配慮の中、常長はすべての創造主である神によってつくられた人類は神によってのみ生死を決することができるというキリスト教の教えを守り、切腹、自決する道を選ばなかった。逼塞中にキリシタンの迫害について、訪れる宣教師ガルベスから聞くに及び、ローマで受洗したにも拘わらず何もできないで悶々とし、神に祈りを捧げることしかできなかった。

ガルベスから聞いただろうと思われる、常長の逼塞前後に起きた迫害について、派が違うがイエズス会の報告にあるように、当時の殉教の様子が生々しく伝わっている。

例えば、『イエズス会年報1619年度』には、当時の仏教と切支丹の関係を示す事例がある。盗癖を持つ仏僧が人を殺し、捕まり生きながら地中に埋められた。その憐れな処刑者に対して、2、3人の切支丹が「死に瀕する体よりは、亡びていく霊魂を憐れと思い、キリストを信ずるよう、今は永遠の救いの最後の機会であるから、これを取り失わないようにと何度もすすめた」。その仏僧は「霊魂の不滅なんてそれは仮作談（仮の作り話）で、一切は無より出て無に帰るんだ」と語っていたが、公教要理（カテキズム）を教わり、耐えがたい苦しみに耐え忍び、ゼズス、マリアの御名を呼びつつ、自分も慰めを得、善良な人々にも大いなる慰めを与え、世を去った。

また、『イエズス会年報1620年度』には、棄教についての当時の切支丹の考えが紹介されている。最近洗礼を受けたある男の切支丹は、その主人が信仰を棄てよと強いた。また、ある者は、外面だけ異教の習慣に従い、きまった務めを果たしながら、心には切支丹の教えを深く刻みつけているのがよいのではないかと棄教をすすめる。切支丹のその男は、「洗礼を受けたのは最近であるが、切支丹たちが罪を告白して、心をきよめ、いさぎよく死んでいくように覚悟を定めている。私も宗教をいつわることはゆるされない」と答えている。

『イエズス会年報1621年度』には、前述したように奥州で最初の処刑が後藤寿庵領地胆沢郡見分村福原に隣接している水沢で初めて行なわれた。1620年（元和6年）11月6日のこの斬首は、寿庵が筆頭者となる「奉答文」を出す前の年で、常長の死1年か2年前の出来事になる。

ジョアキムとアンナ夫妻と他の4人の殉教である。最初は仙台で取り調べと棄教のための拷問が行なわれたが、棄教しないため見せしめに水沢で処刑されることになった。水沢に戻り、信徒たちに向かいジョアキムは「キリストの御受難は、如何ほど辛いことを耐え忍ぶためにでも十分な元気と力を与えてくれるから、それを思い出すようにと懇請した。話をしている間に鉄の首環と手枷とが持ち込まれた。ジョアキムはそれを見て、心が自ら愉快になり、地に跪き、頭を傾けて刑具に敬意を表した。それから両手を挙げて主キリストの御苦しみを思い起こさせる様な責め道具で、自分が苦しめられんことを欲し給うことをデウスにあつく感謝し、祈と信心の激励の中に一夜を過ごした」。

夫婦の一人娘が父母を慕う余り、涙と嘆きがあたりの空気を揺るがした。父も涙を流しながら、「デウスの御なさけによりてこれほどの力を希望して、父の決意を破ることはない。この涙はお前のために流すのだ、生き残るお前の惨めさこそ悲しむべきで、天国に行く我々の身の上はむしろ羨望に値するのだ」。そして、手枷、鉄環を首にかけられて引き出され、このように信仰を護るために殺されることは前代未聞のことであったから、多くの見物者が集まった。その群衆に対してジョアキムは大声で叫んだ。「私は無窮のデウスが遂に私の宿望を遂げさしてくださいましたことに、大いに感謝いたします。キリストの信仰を奉じ、私の血を以てその信仰を証することを私は御意によって早くから熱望していたものでした。只今はその宿望を遂げるべき目標に向かって足取り勇ましく駈け出します」。そして、ジョアキムとアンナは「天に在す（主祷文）」を誦えだすと切支丹たちも「ゼズス・マリア」と叫んで御助を祈った。斬首はさらしものにされたが、切支丹は彼等を埋葬し、厚く供養・畏敬し続けた。

この報告から、イエズス会の宣教師たちの殉教への救いを差し伸べ、棄教することを戒めていることがわかる。常長は、宣教師たちと共に殉教者へ祈りを捧げながら、信仰を貫く覚悟をますます高めていたような気がしてならない。

伊達政宗は、支倉常長、後藤寿庵に温情ある配慮をしながら、一方ではむごたらしいほどの迫害を行なっている。常長、寿庵は、死を覚悟していたとはいえ、政宗の今までの温情に報恩の気持ちがあったろうが、切支丹迫害の理不尽さを感じていたのではないだろうか。両者は、この理不尽さからの解放を目指し、神に導かれたパラディソ（天国）をのぞんでいたのであろうか。

そして、政宗死後の領内迫害は、政宗生存時に比すれば藩の主要産業である製鉄業や農業を潰すような「所成敗」という根こそぎ村・地域を廃棄するむごたらしいものであった。政宗の死（寛永13年・1636）からというよりも政宗の死の翌年起きた島原の乱が迫害に拍車をかけたのだろうが、政宗の猶予ある切支丹政策に幕府は容赦なく迫害の鞭を打ったにすぎない。政宗は、弾圧したが、まだ仙台領内は見せしめ程度の点であり、それが政宗の死後、面になっていた。そのことは、次のような大《おお》籠《かご》（東磐井郡藤沢村・現一関市藤沢町）、狼河原《おいの》（登米郡米川村・現登米市東和町）の大殉教に現れた。

寛永15年（1638）のポルロ神父（63歳）石母田大膳の所へ自首

寛永16年（1639）仙台領で「切支丹取締令」が発令、バラヤス（フランシスコ孫右衛門）、支倉常頼（常長の子）、ペトロ岐部捕縛、仙台藩で大処刑始まる。大籠「地蔵の辻」84人処刑

寛永17年（1640）支倉常頼の切腹、大籠94人処刑

享保年間（1716～1736）狼河原、三経塚210人以上処刑

ここに記載したものは、迫害の一部に過ぎないし、はっきりとした人数はわからない。

大籠、米川の狼河原等の殉教について、遠藤周作氏は前述したように〈「わたしは夕暮れ近くこの街道を歩いたのだが、点々と残っている首塚や処刑場の跡に寒けさえおぼえたのであった。九州の切支丹遺跡を訪ねてもこんな陰惨な感じをあたえる場所はなかった。ここは文字どおり東北切支丹の最後の聖地であろうと思えた」『切支丹時代』

こういう公園ができて本当に良かった　多くの人々の目にふれて殉教という史実は現代人に何を感じさせるだろう。平成七年十月　ポウル　フランソア　遠藤周作」〉と大籠殉教公園の石碑に刻んでいる。大籠の殉教のことを知って、再掲した石碑に刻んだ文言を改めて見ると、信仰者遠藤の素直な殉教への対峙が窺えるのである。

支倉常長がガルベス等から聞いた殉教について、前述したようにただ祈り続け、殉教者への畏敬のこころが湧き上がってきたのではなかっただろうか。そして、政宗への恩情は陰が薄くなり、逆に憎しみさえ覚えたかもしれない。家族にも信仰を持ち続けるようにと遺言した常長は、遠藤周作氏が言うような「寒け」、「陰惨」な迫害が、受難として一族に追いかかることを想像していただろうか。信仰とは何かを現代に問いかけてくる。

支倉常長の使節任命

今まで、遣欧使節の概要について述べてきたが、ようやく、謎解きの本題に入ってきた。

常長の使節任命に関しては、次のように佐藤憲一氏「『支倉常長追放文書』の年代について」(『仙台市博物館調査研究報告第8号』)において、「支倉飛騨こと、去年以来めしこめ分にてさしおき候。しかれば、此うちいよいよもって不届きの義候条、ただ今申し付け候て、腹を切らせ申すべく候。奉行に四竈新介、中村備前申し付けべく候。早々ゆだんなく申し付けべく候。子に候六右衛門尉ことも、親子の候間、命は助け、追はなし申すべく候。　謹言

しさいの義は、直に申し聞けべく候。子に候者も欠所につかまつるべく候。ただし、女子はしさいなく追はなし申すべく候。以上

八月十二日　　政宗(花押)

茂庭石見　殿」

年号が不明の「〇〇八月十二日」の日付で、常長の実父・飛騨常成は昨年以来召し出され、不届きがあったから切腹を命じられた。その切腹立会人も決め、その子常長は命を助け、「追はなし」(追放)を受ける文書である。

支倉氏に伝わる『家譜書出』(安永年間に支倉右仲が知行高等を藩へ提出するために作成された控え、以下『家譜』)では、飛騨常成は「慶長五年八月十二日卒　年六十一」となっているが、佐藤憲一氏は、政宗の花押と茂庭石見(綱元)奉行就任年時から、『家譜』の「慶長五年」は誤写であり、「慶長十八年」と捉えている。

その支証はイエズス会司祭ゼロニモ・デ・アンゼリスが「一六一九年(元和五年)十一月三十日付」のローマイエズス会総長に出した次の手紙にある。

「使節に任命したのは一人の下級の家臣であった。数カ月ばかり前に、ある過失のため彼の父を死刑に処していたが、今、使節に任じられた彼をも、日本の習慣に従って死刑に処するつもりであり、すでに彼の俸禄を取上げてしまったところであった。このたびは死刑に代えてイスパニアやローマへの渡航の艱難を凌がせようとしたのであろう。おそらく航海の途中で死ぬだろうと思って彼を使節に任命し、とりあげた僅かな俸禄をも一応返した……」

使節任命の数カ月前に、使節の実父が処刑された。その使節も処刑され、改易されるところを贖罪のために使節に任命し、俸禄を返したという内容である。

この文書は、前掲した国内に残っている茂庭石見宛政宗自筆文書を裏付ける内容であるが、常長が処刑されるという点は間違いであるが、大方合致している。

イエズス会のアンゼリスは、後藤寿庵の招きで来仙し、寿庵の領地見分に四十日間滞在したという記録があり、フランシスコ会に所属する寿庵にとって、ソテロへの不信と会の不誠実さから、精神的な強いつながりと寿庵堰作りの技術指導者としての霊的に密接な存在であった。

アンゼリスと後藤寿庵はソテロの日本布教に対する不信から遣欧使節には反対であった。そのことを踏まえてこの文書を読むと、常長も父常成に連座して死刑になるという思い込みの感情と無理矢理派遣させるという名誉回復の贖罪と捉えていることは差し引いて見る必要がある。

しかし、これらの史料とは異なる支倉常長の使節任命年と知行地回復について、ソテロから聞いたその記録であるアマーティ編「伊達政宗遣使録」(『大日本史料　第十二編之十二』)にみえる。そこには、岡本大八事件が起こりキリシタン弾圧の契機となった慶長17年(1612)に、政宗は秀忠より鷹狩りに誘われて江戸にいて、次のようにソテロと再会した内容がある。

「使者の乗るべき船の建造について談話せり、ソテロは愈々《いよいよ》使者たることを承諾せしをもって、直ちに建造に着手し、八百人の大工、七百人の鐵工及び三千人の人夫を使役して四十五日間に竣工せり、次で又贈物及び途中に要すべき諸品を準備せしめたり、国王(政宗)は支倉六右衛門を大使と定めたり、……家旧く、格式も亦高きのみならず、支倉は所領多く、王の侍衛の長銃隊の長を勤め、智慮ありて、軍事にも政治にも長ぜる人なるを以て、之を選み……国王は、又支倉の妻子をして、その家臣と共に、三日程距てたる領地を去りて仙臺に来らしめ、又仙臺より三哩《マイル》の距離にある、一の町と二つの村とを与えて、その居に宛て、大使の喜びを買わんとせり……」

慶長17年の政宗とソテロの江戸での再会は、前年慶長16年にソテロが来仙し、船のことを相談し、30日間逗留した続きであり、ソテロが使節を承諾していたこと、船が完成していたこと、贈り物の準備が滞りなく進んでいたことが前半部分でわかる。後半部分では、支倉常長が遣欧使節の大使に任命され、領地替えも行なわれている。大使任命は、前年の慶長16年か17年かははっきりしないが17年には確定していたようである。

そうすると佐藤憲一氏の言う常長使節任命出発間際の「慶長十八年」ではないことになる。さらに、出発間際の窮余の任命でないのであるならば、アンゼリスの贖罪のための使節任命もおかしい。また、アンゼルスの文書には、実父が処刑されたのは、常長が使節任命の数カ月前であり、遣欧使節の出発前とは書かれていないのである。

常長は遣欧使節に深い関わりをもっていたがために、実父の処刑があっても、政宗はその使節の役割を外すことができなかったのではないだろうか。

したがって、使節任命の年は慶長17年かそれ以前の慶長16年にソテロが来仙し、船の建造を語り合い30日間も逗留した時なのかもしれない。その時、幕府の新イスパニア行きと仙台藩のイスパニア行きの二股の方策をソテロは示し、幕府も仙台藩もそのことは承知の上での派遣事業であったと考えられる。

支倉常長の領地替え

前掲した茂庭石見宛「常長実父処刑と常長追放」政宗自筆文書のその後のことを、アンゼリスの「一六一九年（元和五年）十一月三十日付」の文書及びアマーティ編「伊達政宗遣使録」で、常長の使節任命とそれに伴う知行地の回復、領地替えについて書かれてある。

特に前掲したアマーティ編「伊達政宗遣使録」の知行地替えの部分を再掲すると、

「国王（伊達政宗）は、又支倉の妻子をして、その家臣と共に、三日程距てたる領地を去りて仙臺に来らしめ、又仙臺より三哩《マイル》の距離にある、一の町と二つの村とを与えて、その居に宛て、大使の喜びを買わんとせり……」

この文書の「三日程距てたる領地」は、当時の徒歩での行程では2泊3日かかる、常長の知行である下伊沢之内小山村すなわち胆沢郡胆沢町小山のことで、現在岩手県奥州市胆沢区小山を指す。その胆沢の知行地から、「仙台より三哩」という具体的な距離の三マイル・約4・8㎞ではなく、仙台城下から近距離にあるという意味で使用し、仙台城下に近い「一の町と二つの村」に領地替えした。それは、政宗が常長及びその妻子を喜ばせようとして行なったというのである。

常長の知行地ならびに知行高は、浜田直嗣氏「旧支倉家関係資料について」（『仙台市博物館調査研究報告第四号』）から、慶長13年（１６０８）の「知行充行状《あてがいじょう》」によると前述の「下伊沢之内小山村」と「神郡一関」（宮城県加美郡色麻町一の関）で六十貫二百四十三文（七百四十石九百十六文、一貫＝十二石）である。

交換した知行地について、「一の町、二つの村」は、城下に近い距離にある城下内にある町屋敷地と近郊の二村が考えられるが、近郊に混在する町と二村とも考えられ、その場合、町は単なる町場集落地を指すのかもしれない。

遣欧使節に命じられてからの領地替えがあったことを示すが、その村を具体的に示すものはない。『家譜』には、秀吉の奥州仕置の際、大崎氏を討つ政宗に反旗を翻した黒川郡の邑主である黒川晴氏氏（月舟斎）が滅び、大崎・葛西旧家臣が大崎・葛西一揆をおこし、その鎮圧後の天正19年（１５９１）、常長の実父・常成が、黒川郡内の一部である50余町歩を采領地とした。

その居住地を同郡大森村（現大衡《おおひら》村大森下原）から同郡富谷下ノ原へ移転したとあるが富谷には下ノ原の地名が存在しないので誤記で高田村下ノ原が該当すると思われる。〈『安永風土記』、佐々木和博氏「宮城県大和町西風《ならい》所在の五輪搭―支倉常成・常長との関わりの可能性」（『仙台市博物館調査研究報告第13号』）〉

その居住地は明確ではないが、大衡村の大森地区及び高田村（現大和町吉田）に「下（ノ）原」の地名が共通して残っていることから、居住地を推測することが可能と思われる。

さらに、『大和町史』によると、慶長9年（１６０４）に重臣の大町主計《かずえ》が吉田・今村（吉岡）に九十九貫三百三十文（約千二百石、一貫＝十二石）を領有していた。その後、元和2年（１６１６）

に政宗の三男である宗清が大和町鶴巣下草から大和町今村(吉岡)へ入部した。その後大町氏は東山・藤沢村へ所替えしている。その前に、支倉常成は「大森下ノ原」から「高田村下ノ原」に拠点を移していたことになる。

黒川郡は、伊達家直属家臣の給人の采領地と地元の有力者・地頭の采領地が入り組んでおり、現在のような村単位での行政区割りでない複雑な区割りとなっている。大町氏は、県南・刈田郡を本拠地としているので、黒川郡の采領地は飛び地となっている。大方の給人は一カ所にまとまった采領地ではなく、飛び地を含めた総計の収禄での領有であったようだ。特に、高い禄高の重臣によく見られていた。

しかし、大町氏が現在の大和町吉田・今村（吉岡）を支配する中、支倉氏のような中級の禄高においては、一カ所の采領地で宛てがえられることも可能であった。それが、大衡村の大森地区の下ノ原、高田村下ノ原と考えられる。

慶長17年のソテロと政宗の江戸での再会時には、船はできあがり、贈り物も準備できていたようだ。その任務は常長の多大なる働きだと思われる。だからこそ、実父の不祥事で自身が追放の処分を受けながらも、使節の任務から外すどころか政宗は、アマーティが言うように「大使の喜びのために」領地替えをして、知行地も回復している。

その回復領地は、常長の実父常成の黒川郡50余町歩の領地が当然没収されていたはずであるから、この旧領地・大衡村・高田村二カ村を新しい仙台城下近郊の知行地として与えられた可能性は高い。

それは、繰り返しになるが、政宗がいわく付きの実父常成の旧領地を回復し、常長に与え、後顧の憂いがないようにするための配慮が色濃いのである。

黒川郡のキリシタン地域と常長の使節要件

常長の使節任命に伴う領地替え地と思われる黒川郡について記されているイエズス会への日本教勢の報告である「元和三年（1617）十月十八日付」文書が、ローマで発見された。

「一関村　三関村　石積《いしつもり》村のキリシタン三村三百五十餘

一関村　大　谷　石　菴
　　　　佐久間　二郎兵衛
　　　　津　田　清右衛門
　　　　大　谷　六右衛門
　　　　齋　木　新兵衛
三関村　鈴　木　離菴
　　　　藤　田　長齋
　　　　四　保　助兵衛
　　　　熊　谷　喜右衛門
　　　　鈴　木　加賀

石積村　椎　名　主計
　　　　鈴　美　濃
　　　　安　藤　與助
　　　　柏　澤　内蔵助
　　　　伊　藤　縫助　」

仙台領内における七カ所に教会があり、その代表者の連名が記載されたもので、その内の三カ所、一関、三関、石積に教会がある黒川郡を示したものである。三カ所の信者の総数が「三百五十餘」と相当な数である。また、氏名も身分の高い武士である。

一関、三関は現在富谷市で吉田川と宮床川に挟まれ、国道四号線西側の旧陸羽街道（奥州街道）沿いにあり、吉岡（大和町）、常長采領地と思われる高田村（後吉田村、現大和町）とは隣接している。石積は、現在富谷市で富谷宿から四号線の東側奥にあり、後述する常長の墓とされる大郷町東成田にも近い、富谷、吉岡、松島を結ぶ要所であった。（詳細の模式地図は後述の「常長の終焉地・墓」参照）

また、「元和三年（1617）十月九日付」ご見分村（後藤寿庵を筆頭に他4名）、矢森村（6名）、志津村（5名）の代表者が同地方の布教状況をイエズス会区長に報告・言上したものがバチカンにある。この村々に教会堂があり、信徒が「四百五十」人、自分たちの宗門であるフランシスコ会の宣教師は訪れず、イエズス会のゼロニモ・デ・アンゼリス神父が取締りを恐れず宣教している。さらに、「フランシスコ会のソテロが慶長十六年に来仙し、遣欧船の相談で三十日間逗留、慶長十八年ソテロ、イナショ、フライの三人が来仙し、この三人はメキシコに渡ることになった。切支丹信者は四百余人であること」。

この年に、この文書以外のイエズス会年報には、アンゼリスが仙台、石積（黒川郡）、三迫《さんのはさま》（栗原郡）、志津（西磐井郡花泉）、見分を訪れている。第一の筆頭者後藤寿庵は仙台・見分の代表者であり、教会堂（宣教堂）が見分・矢森・志津に置かれ、アンゼリスもそこを訪ねていることがわかる。

次に「寛永五年（1628）四月十六日付」のデイゴ・フランシスコの手紙の宛名が、「石積衆、大わら（童）衆、前野（舞野）衆、沼田衆、ひわた（桧和田）衆、吉岡衆、成田衆、渡戸衆、長芝衆」と黒川郡の地名になっている。

以上のことから、「元和三年（1617）イエズス会文書」と「寛永五年（1628）フランシスコ会文書」によって、イエズス会、フランシスコ会の両者がこの黒川郡で布教し、この地域にキリシタンが存在していたことがわかる。

そのような中で、黒川郡のキリシタンは、元和三年に三百五十人いて一関、三関、石積三カ所に教会があったというから、東北のキリシタンの中心地である後藤寿庵の見分村福原の城下町に四百五十人前後いたといわれている宗教都市に次ぐ信者数であり、教会を中心とした宗教地域を形成していたと思われる。

支倉常長は、ローマで受洗したが、受洗前の采地が下伊佐之内小山村（胆沢郡胆沢小山）、領地替えの采地と思われる黒川郡高田村下ノ原ともにキリシタン信者が多数いたことになる。そのことは偶然のことであるかどうかわからないが、常長にとってキリシタンの生活、信条を垣間見ていたことにより、キリスト教理解への下地が培われていたと思われる。

政宗は、キリスト教庇護が前提の通商を実現するためにはキリスト教理解が使節任命の必須要件であり、常長の人品はもちろんのこと、この要件を満たす常長を適任者と見抜き、遣欧使節に抜擢した可能性が高い。

支倉常長の終焉地・墓

前述したように、支倉常長が帰国した元和6年（1620）に政宗は、棄教か処刑もしくは追放を命じる「切支丹禁令三箇条」を藩内に出した。その2年後、元和8年（1622）7月1日に常長は亡くなるのだが（1年目という説もあり）、これも前述したように宣教師出入りの禁止、棄教、処刑されないことを秘密にするという「棄教三カ条」を常長死後1年後に政宗は後藤寿庵へ出した。おそらくこの「棄教三カ条」と似たようなものを支倉常長にも出していたと思われることは前に触れたとおりである。

仙台藩は、切支丹が棄教しなければ領地・家財没収、追放か処刑であるが、支倉常長、後藤寿庵には特別な対応をしている。後藤寿庵を追放しながら、仙台城下への潜入を許しているし、政宗は寿庵を常に気を掛けていることから、常長に対しても追放し、他領に行かれたならば、常長の生存が確かめられ、政宗、藩の面目が潰されることになるので囲い込む逼塞と棄教を命じた。

ソテロが殉教する半年前に、大村の牢中よりローマに報告した文書（ルイス・ソテロ書翰1624

年1月20日付、レオン・パジェス著『日本切支丹宗門史・付録39号』の中で、「今一人の使節、我が同役ヒリップス支倉は、国王（伊達政宗）の許に帰着して、国王の表彰を受け、長途の旅の疲労を回復せんがため自分の知行所にて休養し、妻子眷属家来を悉く共にキリシタンとなし、その他血縁や多くの士分にも感化を与えて信心にいそしみが、帰朝後一年を満たざるの中に、臨終行儀を尽くして信心の中に逝きぬ。又その子等に遺言して、領内に信仰を弘布し、領内にて教師を保護すべき事を託せり。されば国王も貴族も挙げてその死を悼まざるはなかりしが、日頃この人の高徳と信仰熱烈なる事を、極めて良く知れる宗徒や教師等は事の他なりき。此等の事は、彼にサクラメント（祭式）を授け、また、その臨終に立ち合いし教師等及びその他の人々よりの書面にて申し上げる」。

常長は、政宗から慰労され、帰国後1年を満たないで自分の知行地で亡くなった。家族、親戚にもキリシタン信仰をうながし、宣教師から最期の秘蹟を受け、祝福されて死亡した。ここでいう自分の知行地は前述したように定説はない。また、死亡年については、2年目なのか1年目なのか、1年違いであるが、イエズス会、フランシスコ会によって違う。

イエズス会では、常長は、帰国した長崎で棄教しなければ、帰仙できないと詰問され、一番先に棄教したとしている。それが、常長は棄教したという説が流布する根拠となっている。それは、ソテロに反駁するイエズス会・アンゼリス、カルバリヨからの報告で、ソテロを貶めるためになされたと思われるのでその分を差し引くと、殉教直前のソテロの書状は信憑性が高い。

常長は、棄教せずに妻子、眷属、家来をキリシタンにし、血縁、多くの士分に感化したというように、キリシタン信仰を持ち続けて最期を迎えたようだ。政宗からの表彰があったかどうかはわからないが、政宗にとっては慰労したい気持ちとキリシタンの取り締まりの狭間にあったのだろう。

それでは、常長の墓はどこにあるのだろうか。明治中ごろ、大槻文彦氏が光明寺の古文書等から光明寺に常長の墓があると推測したが、定説にはなっていない。その時には、常長の墓は大方4カ所が候補となっていたようだが、伝承などから現在次の7カ所あるといわれている。

このことからも常長の謎が奥深く潜行し、私たちを魅了しているのかもしれない。

（1）光明寺（仙台市青葉区堤町）（支倉常長・享年52、幕府に届け埋葬、五輪の塔）
（2）円福寺（宮城県柴田郡川崎町支倉）（支倉常長・享年52、宝篋塔）
（3）宮城県黒川郡大郷町東成田西光寺（支倉常長・享年84、伝承）
（4）桂蔵寺（宮城県黒川郡大郷町川内）（支倉常長子孫の墓）
（5）宮城県黒川郡大和町吉田下原西風《ならい》（共同墓地内に三基の五輪の塔、伝承）
（6）茂庭綱元の墓（宮城県栗原市栗駒文字愛宕下）（五輪の塔、伝承）
（7）小山八幡神社（岩手県奥州市胆沢区小山字八幡堂）（五輪の塔、伝承）

それぞれがあてはまるように思えてならない。確かに、常長の墓ではないが、もしかすると墓かもしれないという程度のものもあるが、常長と何らかの関係があることから、その墓の候補地となっているのであろう。

ソテロがいう常長終焉地は常長の知行地で亡くなったことについて、最初に述べたキーワード2番

桂蔵寺

光明寺

茂庭綱元の墓

円福寺

大和町吉田下原西風

大郷町東成田西光寺

小山八幡神社

目の「領地替え知行地」は一体どこであるのかの謎に突き当たる。そのことについては、前述したように常長のキーワード1番目の「使節任命年」を慶長17年かそれ以前だとして、常長実父の切腹と自身の追放の中で、使節の任命と領地交換があったところで触れたように、仙台城下近郊の黒川郡の可能性が高いと述べた。

しかし、それだけでは終焉地である知行地と確定する証拠はないのである。単なる状況証拠に過ぎない。もっと別の視点から状況証拠を積み重ねた推論が必要と思われるので、最初に述べたキーワードの3番目である「常長の墓」を含めて一緒に見ていきたい。

終焉の「領地替え知行地」と墓石は一体である、すなわち寺ではなく屋敷地に埋葬する方法、終焉の「領地替え知行地」と墓石が切り離される、すなわち寺に埋葬する方法が考えられる。そのことは寺壇制度が定着するか、しないかで違ってくる。

その終焉の「領地替え知行地」の場所は、多くの隠れ切支丹がいる場所では、目立ち、崇められる可能性が高いのでそこはなるべく避けたい。しかし、切支丹へある程度理解がないと訴えのおそれがあるので、隠蔽するためにある程度の切支丹がいることが重要である。

また、基幹街道筋は避けたい。潜伏・隠棲していることがバレないように往来の少ないところが望ましい。隠れ切支丹探索の幕府隠密が暗躍している記録があるように我々が思う以上にスパイ活動が盛んであった。そのために、江戸に近い所よりも遠い鄙びたところが安心だと思われる。

以上のことから、支倉常長の終焉の「領地替え知行地」・「墓」は、①「自分の知行地」、②「切支丹がある程度存在する地」、③「基幹の街道からはずれた辺鄙な地」、④「仙台からの統制・管理できる地」、⑤「常長以外の想定埋葬者がいない」という条件を満たしていることが考えられるのではないか。お互いの候補地を比較検討し、その条件を満たすのかどうか、消去法で推定したい。

そうだとすると、この条件を前記した常長の墓の候補地に当てはめると、（○：該当、△：可能性あり、×：該当しない）

	①	②	③	④	⑤
（1）光明寺	△	×	×	○	×
（2）円福寺	×	△	○	△	×
（3）大郷町東成田西光寺	△	○	○	○	×
（4）桂蔵寺	△	○	○	○	×
（5）大和町吉田下原西風	△	○	○	○	△
（6）茂庭綱元	×	△	○	×	×
（7）小山八幡神社	×	△	○	×	△

常長の知行地は、仙台城下近郊地である黒川郡があてはまる可能性が高いことは前述したが、城下内の町の屋敷地は、現在の北一番町支倉通りの支倉町付近が該当するのかもしれない。さらに、（3）大郷町東成田西光寺（旧大谷村東成田字西光寺）、（4）桂蔵寺、（5）大和町吉田下原西風（旧高田村下ノ原西風）を可能性ありの△とした。

それ以外の候補地を該当しない×とした理由は次のとおりである。
（2）の円福寺は、支倉家発祥の地であるが、仙台城下近郊地に当てはまらないし、支倉家本家筋には受け継ぐ根拠があるが、分家の常長が知行地として受け継ぐには根拠が薄いと思われる。
（6）は茂庭（石見）綱元が開山した洞泉院近くの愛宕神社の並びにある五輪の塔（石見綱元の殉死の三基、妻の一基）の存在とキリシタン弾圧の中で、石見綱元は常長の実父切腹、その連座で常長追放時の担当奉行で、常長追放を帳消しにし、キリシタン代表者の支倉常長を供養したはずだとすることが混在し、伝承されたと思われる。

さらに、佐々久氏『仙臺郷土研究第十九巻第四号』「支倉常長の墓は光明寺にあるのが正しい」の中で、「黒川郡東成田伊藤氏所蔵文書」に常長の義理弟・新右衛門常次の所領が「栗原郡二迫八幡村の内　六五石余」とある。茂庭石見綱元の墓がそこにあることと、「支倉」家がそこを所領としていたことが重なり、常長の墓と期待値を込めた伝承がなされたのでないかと思われる。
（7）は延暦20年（８０１）、坂上田村麻呂の悪路《あくろ》王高丸《おうたかまる》征伐時、石清水八幡宮鎮祭が始まりで、神社に向かって左奥には共同墓地があり、神仏習合の名残がある。その中に、五輪の塔がある。常長がこの地を文禄の役に恩地として采領としたことが、支倉常長の終焉地と考えたのであろう。使節の任命時、仙台城下近郊に領地替えがあったことは前述したとおりである。したがって、終焉を迎えた「領地替え知行地」ではないのである。
（6）茂庭石見の墓は仙台藩領北、（7）小山八幡神社は仙台藩領奥で、特に、この胆沢地区は後藤寿庵が見分村・福原を中心とした東北のキリシタン宗教都市を形成している。そこに、支倉常長を逼塞させることは、寿庵とともにキリシタンの双璧を迎えることを意味し、キリシタンを活性化させる可能性が高すぎる。また、イエズス会の記録にも寿庵と常長の交流について残されていない。

大槻文彦氏が明治中ごろに（1）光明寺が常長の墓の根拠としたのは、常長の息子常頼が「檀那寺光明寺に於いて切腹した」という寺の古文書からである。檀那寺としたのは常長を葬っていたからだという。その際には、墓石の存在を確認していないのではないかと思われる。

しかし、『仙台市史特別編8』の総則で、濱田直嗣氏は、「常長没年の元和期に支倉家クラスの家臣が檀那寺に墓所を設けるという墓制が行き渡っていたかどうかはわかっていない。寺檀制度が普及したのは、寺請制度が具体化された寛永11年（1635）以降といわれている。藩主や重臣を除いて、寛永年間以前に建てた墓碑が仙台藩領内では存在しないようだ。支倉常長死去の時期には、まだ自家のいずれかの屋敷地内に設けて弔っていたのではなかったのか」とあるように、この時期には常長の墓は、光明寺にはないことになる。但し、常頼が光明寺を檀那寺とする前に、常長の供養墓が建てられていたならばどうであろうか。

また、支倉の本家筋が真言宗円福寺を檀那寺としているが、常長とその義弟新右衛門の家系は臨済宗光明寺を檀那寺にしているのはなぜなのか。

仮に黒川郡が常長の領地替えの知行地とすると、臨済宗瑞巌寺の流れをくみ、吉田川沿いにある黒川郡の臨済宗の寺は隠れ切支丹と深い関係を持っていた。それらのつながりから、支倉通りにある「支倉」屋敷地に近く、奥州街道で一番北に位置して黒川郡と近い臨済宗の光明寺を檀那寺とした可能性が高い。

光明寺にある五輪塔は、今の五輪塔のある後方にあった塚の中から発掘された。その五輪塔は、法名も俗名、没年月日は刻まれていない。そのことが常長の墓、常長の子常頼の墓との混同を生みだしていると思われる。

筆者は、「檀那寺の経緯」、「塚から墓の発見」から、五輪塔の主は誰なのか、また、そのような混同するような細工を誰が、どうして行なったのかについて私見を述べたい。

【常長の墓】説……供養塚墓である。

（1）光明寺は、前述したように、領地替えで城下内の屋敷と思われる「支倉町の屋敷」が黒川郡の臨済宗との関係から深いつながりがあったと思われる。ところが、常長帰国後にはかえって藩にとってはその屋敷に逼塞されては、目立ちすぎて困るのではないだろうか。しかし、自分の知行地で亡くなったという表向きの説明が可能なのである。

そして、仮に、常長を終焉地で埋葬した後、光明寺に供養墓を設けたのは、終焉地を特定させないためである。棄教させない、処刑しないで逼塞させていたからである。

ソテロの文書にあるように常長は帰国後1年を満たないで、サクラメント（最期の秘跡）を受けて亡くなったとすれば、常長帰国2年後に亡くなったとする藩の記録は、常長が亡くなった1年後、元和8年（1622）に藩が幕府に届けを出したことになる。

それは、常長の死を切支丹での死ではないという工作をするための1年間であると思われる。その工作の一環が光明寺の墓、すなわち供養塚墓とした可能性が高いと思われる。それは、今の五輪塔が塚から発掘されたことから、単なる土盛りの塚だったのではないだろうか。五輪塔だけに注意が行きすぎて、墳墓・塚への注目が行っていなかったのではないか。

墳墓・塚の存在は、寺檀制度の定着前の五輪塔がないことへの裏付けになり、大槻氏がいう支倉常長の檀那寺の証になる。

【常頼の墓】説……常頼の五輪塔である。

常長の死後、寺檀制度が定着する寛永11年前後に常長の子常頼が、常長の供養塚がある光明寺を支倉常長系の檀那寺とした。

常長の子常頼が寛永17年（1640）に切支丹の疑いで切腹している。支倉家の菩提寺であるゆえに常頼の墓があると考えられる。光明寺には支倉家系図によると常頼の法名「霊峰常閑信士」とあるが、発掘された墓には法名も俗名、没年月日は刻まれていない。これは、処刑されたことであるから当然のことと思われる。

繰り返しになるが常長が亡くなった2年後、元和8年（1622）7月1日後に藩が土盛りの塚を供養墓とした。その塚を常長の供養墓とすれば支倉常長系の檀那寺になる。大槻文彦氏等がいうように常頼本人が檀那寺で切腹したことがあてはまる。

しかし、常頼の法名「霊峰常閑信士」の墓はどこにあるのだろうか。処刑者の処遇らしく法名が刻まれていない墓、埋没された状態での発見は、法名は後世に付けられたものでないだろうか。支倉家改易に伴い常頼の妻が子を連れて後添いに入るなど生きるために必死で、常頼の墓を顧みることができない状態であった。それが逆に常頼の墓であることを濃厚に示しているようだ。

そのような改易の憂き目に遭い、切支丹で切腹した常頼の五輪塔は常長の塚の中に入れ込むように埋没させたのではないか。常頼の法名「霊峰常閑信士」の墓は、今ある五輪塔であると考えられる。

常長が埋葬された墓はないことを前述したとおりであり、今の段階では光明寺の五輪塔は常長の供養墓、常頼の墓のどちらかになるか、それぞれ断定できない。しかし、寺壇制度後の五輪塔であれば、常頼と解釈した方が理にかなっている。

常長の供養墓もしくは常頼の墓とする五輪塔に共通していることは、切支丹であったことを隠すように塚に埋没させている。切支丹の信仰から距離をおいたやり方である。

これらの処遇は、曖昧模糊にする藩の企てではなかったか。切支丹の常長、その嫡男常頼の切支丹の疑いでの切腹とそれぞれの墓の存在を幻惑するやり方である。それは、幕府の禁教策の中で、仙台藩が生き抜く存亡を掛けた秘策ではなかったか。

仙台藩は、切支丹棄教者としての常長が亡くなったこと、常頼が弟と妹が切支丹であることで家督の役割をなしていなかったという理由で切腹させたことを幕府に届けた。本来ならば処刑であろうがそこまでは踏み込まずに、しっかりと藩では切支丹取り締まりをやっていますよ、というメッセージを発しているようだ。

常長の遣欧使節という偉業の支倉家は、切支丹という信仰で、まとまり、改易の運命を辿るのである。しかし、その偉業によって常長家系が復興するのである。

常頼切腹によって常長家系が断絶し、光明寺は常長の義弟である新右衛門家系の菩提寺として引き継がれた。復興後の常長家系の菩提寺は後記する桂蔵寺になっていくのである。

（2）円福寺は、（1）光明寺の常長享年と同じであることから、常長供養墓の分骨供養墓と仮定したならばどうであろうか。それは、支倉家の発祥の地の縁から、本家筋での供養を示したこと、真言宗の「宝篋印塔《ほうきょういんとう》」（供養・墓碑塔）であることから、長方形の箱である「篋」（本来経を入れる）が分骨を埋納した表れだとか、キリシタンを表すという「いかり」にも見えるとしたことが根拠になるのだろうか。しかし、本家筋の墓が見つからないのに、常長の供養・墓碑塔があるのは非常に違和感がある。

仮に、常長の供養・墓碑塔とはいえ、常長のものと断定するには難しいのではないか。異形の五輪の塔であるが、当時の墓のスタイルで埋葬・供養したというポーズであるのか、それとも常長の養父「紀伊守時正」、その子「助次郎」の墓かもしれない。光明寺と同じように寛永11年以降の寺檀制度の具体化からすれば、年代的に「助次郎」の墓に思えてならない。

（1）の光明寺と（2）の円福寺の五輪の塔は、政宗が常長、寿庵に出していた「棄教三カ条」の三番目の「生きていることを秘匿する」ことを両者だけに求めていたわけではなく、政宗、藩自体も守るべきものであったことを示しているようだ。

光明寺の常長の墓は墓石がなくて、塚である。そして、支倉常長家系の檀那寺となった。さらに、光明寺と円福寺の二つ五輪塔（塚も含む）が公的な供養墓であるという後世への継承により、幕府への申し開きができるように緻密に練られた策であったろうし、幕府が納得する策ではなければならなかったはずだ。仙台藩、政宗のしたたかさとキリシタンで特命を帯びた家臣支倉常長、後藤寿庵等の転宗しない者への配慮を感ずるのである。

次に仙台城下近郊の「領地替え知行地」として確度が高い、黒川郡の（3）大郷町東成田西光寺、（4）桂蔵寺、（5）大和町吉田下原西風について、考えてみたい。黒川郡は前述したように切支丹の多い地区である。
（3）大郷の常長の墓といわれているところは、旧黒川郡大谷村東成田字西光寺（西光寺という地名、現黒川郡大郷町東成田西光寺）であるが、ここは、支倉家三番目の分家である新右衛門常次三十貫文（三百六十石、一貫＝十二石換算）の知行地である。常長はこの異母弟のところで逼塞していたことになる。
「梅室清公禪定門　承應三年二月十七日　支倉氏」と刻まれた墓石があって、常長の墓といわれている。承應三年は1654年、常長八十四歳となる。「支倉常長の墓は光明寺が正しい」（佐々久『仙臺郷土研究』昭和34年・10月号）によると、この承應三年は、常長の義弟である新右衛門常次の子、三右衛門が病死しているのでその墓ではないかと推定している。

この墓は、新右衛門系の墓であると思われるが、常頼切腹・改易の寛永17年（1640）から15年以上経ったこの時期、まだ光明寺が旦那寺になっていない。新右衛門常次の六世の孫、右衛門定可が宝暦中に亡くなり、家が途絶えた。右衛門定可の墓は光明寺にある。その背景には、その家僕嘉兵衛という者は、主人右衛門の母を成田村に迎え、15年間養い、主人の法要も怠ることがなかったことで、藩主重村より誠実忠誠を賞され、士分に取り立てられ、伊藤姓を賜った。この伊藤氏が光明寺を檀那寺にして供養を図ったのかもしれない。

（4）の桂蔵寺は、常頼死後、28年後の「寛文十年（1670）六月三日」にその子孫常信が五貫百六十七文（五十一石六十七文、一貫＝十石換算）で支倉家を再興した後の常信から五代までの墓石がある。したがって、常長が亡くなった（1622）時より、48年後以降の墓石ということになる。支倉家ということで、常長の功名にあずかるところから、常長の墓という伝承が生まれたのではないだろうか。

常長が、（3）東成田西光寺の義弟のところ、（4）桂蔵寺の子孫が再興したところでは、ソテロのいうように自分の知行地に逼塞していることに反する。仮に、東成田西光寺が常長の知行地としたならば、新右衛門家系の知行地は一体どこになるのであろうか。「綱元の墓」で述べたように新右衛門家系の知行地は、「黒川郡東成田」と「栗原郡二迫」が代々引き継がれていることから、常長の逼塞・終焉地とするには無理がある。

仮に、常長が義弟の東成田に逼塞させられていたとすれば、推定される常長の領地である（5）旧高田（吉田）村下原西風は旧大谷村（大郷町）東成田字西光寺とは近隣なのである。わざわざ、大谷村の東成田に逼塞させる理由が見つからない。

（5）大和町吉田下原西風は、旧高田村下ノ原西風であったが、西風は明治22年合併で消滅した小字であり、同年に富谷村に合併した志戸田村、一関、三関との村境にある。そして、高田村から吉田村字下ノ原西風になり、現在大和町吉田下原西風になった。

「下（ノ）原」は、吉田川と丘陵にはさまれた狭く長い沖積地になっている。西風はその「下（ノ）原」地域の中にあり、志戸田及びキリシタンの教会がある一関、三関とも隣接していたことになる。

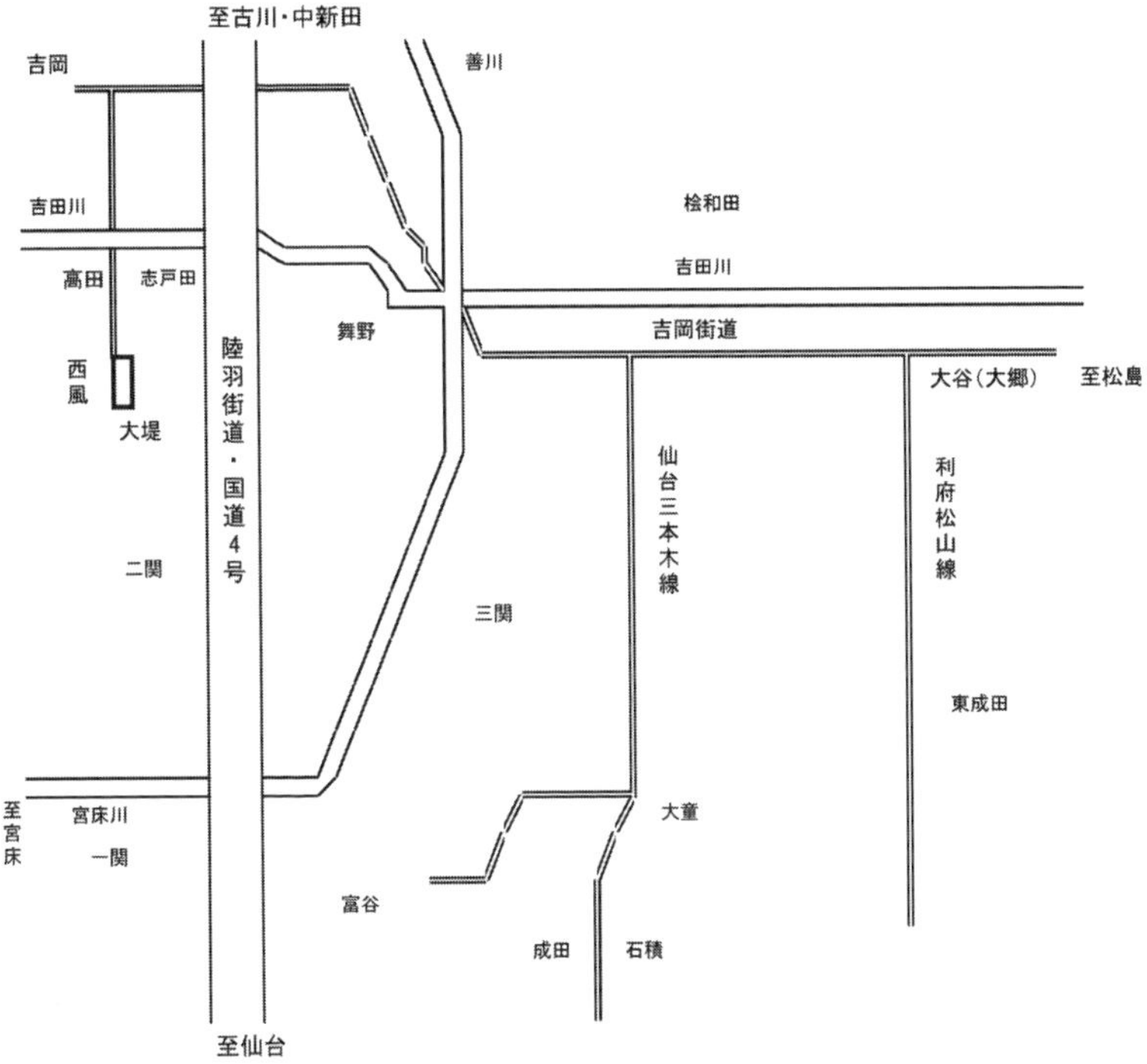

【旧黒川郡高田（吉田）村西風と黒川郡のキリシタン】

キリシタンの宗教地域から外れているキリシタンがまばらに存在する地域となる。

この地は、常長の父の旧領地で、父の切腹後、使節任命により常長の追放が解かれ、その旧領復帰と常長の胆沢郡等の領地と交換された可能性が高いことは前述した。この領地交換は、常長の遣欧使節出発前の慶長17年前であり、子供の常頼ともこの地で一緒にすごしていたように思われる。

佐々木和博氏「宮城県大和町西風所在の五輪の塔─支倉常成・常長との関わりの可能性」(『仙台市博物館調査研究報告第13号』)によると、この地は吉田川から南へ数百m、標高20mの小高い丘陵の頂上部東西5m×南北10mの広さをもち、五輪の塔三基は南端の東西に並んでいる。東側に南北に並んでいた五輪の塔を、台風での被害から戦後に現在のように移動した。この墓地には五輪の塔以外に50基の墓標があり、享保三年(1718)の銘の墓標が一番古い。

実際に訪ねると、この地は地域の共同墓地で、その広さは、東西5m×南北10mの頂部の西側にこの頂部の数倍あることが、墓石の発見でわかった。雑木で覆われた頂上部全体が墓地になっているようだ。残念なことは、五輪の塔三基が元地にないこととほとんどの墓碑が五輪の塔を含め倒壊していることだ。台風はもちろん地震による被害であるが、苔むした墓碑群は時間が止まったように埋没している。

佐々木氏は、この五輪の塔を黒川郡周辺及び輪王寺の五輪の塔と比較し、17世紀前半に造立したと推定した。さらに、この五輪の塔の三基は、下ノ原に居住していた、慶長18年(1613)に切腹した常長の父常成であり、元和2年(1622)に帰国2年後に死去した常長、もう一つは、常長の妻ではないかと推定している。この三基とも造立者は、常長の子供常頼としている。常頼は寛永17年(1

640）に処刑され改易された。それ以降、支倉家と下ノ原の関係は断たれた。
しかし、これは、常長が慶長18年に使節に任命され、その任命の数カ月前に切腹した父常成の埋葬ができる時間がないということでの推論であるが、私の慶長17年かその16年に使節任命としたならば、父の墓は常長が建てたということになる。佐々木氏が疑問に思っていた父常成の墓の造立に時間が経ちすぎていることへの解消にもつながると思う。

支倉常長の最期

常長の帰国・逼塞地・終焉は、藩にとってはトップシークレットのはずで、情報が漏れないよう手配りをしていたはずである。宣教師の出入りは、後藤寿庵のような厳しさはなかったと思われるが、ソテロからの報告書をたずさえて来仙したガルベスは正宗に優遇されていることからも常長との接触は許されていたのではないだろうか。

政宗の命に従い、命がけの渡航であり、使節の目的を達成できなかったとはいえ、真摯に職務に励み、誠実な常長に対して、政宗は心配りの配慮をしたと思われる。そのことは、切支丹である常長が生きていることをひた隠し、常長の終焉を謎に包み込んでいることに如実に現れている。

常長の終焉は、密やかで、祈りを妨げない静寂に包まれているところが一番ふさわしい。

寛永16年（1639）11月21日仙台領の大迫害で、バラヤス神父（フランシスコ孫右衛門）、支倉常頼（常長の子）、ペトロ岐部が捕縛され、大籠（東磐井郡藤沢町・現一関市藤沢町）「地蔵の辻」で

84人が処刑され、翌年支倉常頼は切腹している。他領にいる常頼の弟が切支丹のため、家督の責任をとらされたというのが表向きの理由であるが、遣欧使節の支倉家であるから武家の面目をもって切腹にしたのであろうが、常頼本人も切支丹であったことが訴人などからわかっていた。

支倉常長が帰国して、2年目病死ということになっているが確かなことはわからない。幕府の目をくらますため、1年目病死だったかもしれない。その墓は前述したように7カ所にあるが、すべて常長の生死を秘匿するための秘策か、常長の偉功にあやかりたいという思いの表れであったと思われる。

常長帰国の20年後の常頼の死は子供たちに脈々とその教えが継承されていたことを示している。繰り返しになるが、常長は、ソテロがいうように棄教せず、最後まで教えを家族とともに共有して生きていたのだ。支倉家は改易されるが、その約30年後「寛文十年(1670)」常頼の子常信(常忠)の時、赦されて支倉家は再興した。仙台藩では先祖が切支丹であっても類族として組織の中に組み入れる体制をとっていたので、再興できたのであろうが、常長の功による支倉家は仙台藩においては特別な存在で、政宗の恩情が生き続けていたのかもしれない。

この稿のテーマである支倉常長の終焉がどうだったのかを、政宗・藩の処遇の意図をからめながら、常長の「使節任命年」、「領地替えによる知行地」、「常長の墓」の謎解きをしながら見てきた。

支倉常長の使節任命は、出発1年前の慶長17年か16年であり、その時、領地替えが行なわれた。それは、期せずして実父の切腹と自身の追放であったが、使節と任じられるぐらいの準備を進めていた常長を使節から外すことができなかった。今までの贖罪のための任命説ではない。このことが、前例がない実父の旧領地との交換になり、そこが終焉地になったと思われる。

それが、間接的な状況証拠とその状況証拠の有り無しによる消去法ではあるが、「黒川郡高田村下ノ原西風」（大和町吉田下原西風）である。その終焉の屋敷地に常長の墓があることになる。

そして、幕府への届け出上、供養塚を設けて公的に「光明寺」、供養墓を設けて準公的に「円福寺」としたと考えられる。藩が特命の切支丹家臣を処刑しないで秘匿するための伊達政宗の恩情と仙台藩存亡の狭間にある秘策であったと思われる。

その中に、遣欧使節出発時、大任を果たすために犠牲となる常長と家族に対する後顧の憂いを払うための知行地交換と幕府の切支丹弾圧の中でも常長帰仙後の終焉地を密かに匿うとした政宗の一貫した思いやりを感じる。

支倉常長は、藩が常長の存在を秘匿するために、仙台城下近郊で切支丹がある程度居住して、街道から離れている辺鄙な地で終焉を迎えたと思われる。その中でも、常長の知行地と思われる可能性が一番高い「黒川郡高田村下ノ原西風」が常長の終焉地となり、支倉常長はゼウスの神に祈り、信仰が絶えることなく子々孫々まで伝わるよう遺言して亡くなった。主イエスの導きにより、神デウスのもとパラディソ（天国）へ往ったのである。

第2章　隠れ切支丹後藤寿庵は殉教したのか、自然死か。

後藤寿庵は、ローマ教皇からの迫害慰問の訓示に対する元和7年の返書・「奉答文」の奥羽二州を代表する筆頭者として、欧州では名前が知られている。しかし、日本においては、その出自や終焉については謎だらけで、「まぼろしの寿庵」といわれるぐらい知られていない。その寿庵の謎を紐解くために研究者は多くの成果を出してきたが、定説となるところまで行き着くことなく、かえって謎が深まるばかりである。その成果は、出自の根拠や終焉地を限定することに終始して、その際、根拠となる出典、文書、墓、遺物、口碑（伝承）が、各研究者間でお互いに関連なく展開しているからだ。

筆者は、今までの後藤寿庵の終焉についての学説から、タイトルにあるように、寿庵がどのような死に方をし、どのような心境であったかを、資料が少ない中で、推量を含めて探ることにしたい。その際、殉教は、自死ではなく、教えを守りながら捕縛され処刑されることであり、自然死は、寿命を全うする、病死、衰弱死のことと考えている。

「まぼろしの寿庵」

後藤寿庵の出自の根拠となる出典は、『後藤之家譜』(『平氏葛西の後裔五島改後藤之家譜』、福原の庄屋と称する後藤家の後裔である後藤五三郎・常蔵父子・明治初年に作成)にある「後藤寿庵の系譜」である。

それをよくまとめてある「後藤寿庵小伝」(菅野義之助校閲『郷調』昭和6年『水沢市史』より抜粋)によると、「後藤寿庵は東磐井郡藤沢の城主岩渕近江守信秀の次男にして幼名を又五郎と称した。岩渕氏は葛西氏とその祖を同じくし、桓武平氏の関東を盤踞とせるものの一支流で、武蔵国岩渕(い

後藤寿庵像
(カトリック水沢教会)

後藤寿庵館跡
(奥州市胆沢区福原)

まの赤羽付近）を領し地名によって氏を称したのである。

天正十八年七月七日豊臣秀吉小田原城を攻略し、余威を振って奥州地方を自家薬籠中のものとし、日本全国を挙げ隻土を残さず己の掌中に帰せしめん事を企て、落城後僅かに経たる七月十四日には蒲生氏郷を先鋒とし、五万余騎の大軍を以て小田原を出発し奥州に臨んだ。斯くて在来秀吉に歓を通せざる諸侯は悉く領地を没収せられたが、何れも秀吉の威勢を恐れ反抗するものはひとりもなかった。独り葛西晴信は奮然と起ちて天下の大軍と抗争したが遂に敗亡した。此の戦に寿庵の兄岩渕民部信時も亦陣没し、一族並臣下もその領を失って離散した。当時少壮の二男又五郎も亦流浪の身となったのである。

一家流離の厄に遭った又五郎は如何にしても家名を再興せんとの志を抱き、諸国を流浪し肥前の長崎に至った。当時長崎は基督教の我国における中心地であった。されば少壮の又五郎は此地に於て深く此の教えに潜心して熱心なる基督教徒となったのである。其の後慶長元年より二年にわたる秀吉の厳酷なる外教禁断の処置のあった際は、又五郎は長崎を逃げ出して五島に赴き此処で洗礼を受けて寿庵の霊名を称するに至った。彼は斯る落魄の身を以て祖父伝来の岩渕の姓を称するは意に快きものではない。生活を一新したる島の地名を以て我姓となさんと決心し姓を五島と称するに至った。

慶長十六年九月京都の商人田中勝助メキシコより帰朝するや、寿庵は彼の切支丹宗徒であることを聞き此を訪いて親交を結び、旧知の如き間柄となった。時に伊達政宗はメキシコとの交通を開き、スペインとの貿易を行なわんとの素志を抱いて居った為、先ず海外の事情を知る必要を感じ、その臣支倉常長を新帰朝者田中勝助の許に遣わしてメキシコの情勢を探聞せしめた。此時、勝助は知人として誠実潔白の美質を有する上に才気あり、海外の事情にも精通せる奥州の人後藤寿庵と云うものがある。これを召抱える於ては海外政策上種々の便益があるべき旨を説いた。

政宗は常長の復命によって寿庵を召し、其臣石筵（福島県郡山市）の領主後藤信康の義弟となし、胆沢郡福原の地に封じ千二百石を食ましめ家臣に列する事としたのである」。

この資料より、後藤寿庵の出自は、胆沢郡藤沢城主岩渕近江守信秀の二男の又五郎で、石筵《いしむしろ》の領主後藤信康の義弟である。但し、『カトリック大辞典』では、「信秀」ではなく「秀信」の二男であり、「石筵」ではなく「三照村の領主後藤孫兵信康」の義弟となっている。その違いには詳しくは触れないが、この岩渕氏の末裔寿庵説が、この「後藤寿庵小伝」の校閲者で、『後藤之家譜』を発見した菅野義之助氏の『奥羽切支丹史』によって紹介され、浦川和三郎氏の『東北キリシタン史』などで広く研究者のなかに広まっていくのである。

しかし、他の研究者から問題点が指摘されていた。寿庵が長崎に赴いたこと、ここでは紹介しなかったがメキシコに視察旅行したこと、ソテロや支倉常長の遣欧使節の準備にあたって種々な援助を与えたことへの誤りを只野淳氏は『みちのく切支丹』等で指摘している。跡呂伊館の岩渕一族と藤沢の岩渕一族を巧みにからませてあり、岩渕近江守信秀二男を又五郎としたのは間違いであり、『後藤之家譜』の底本が見つかっていない等と司東真雄氏は『後藤寿庵の軌跡』で指摘している。

このような問題点が指摘されながらも切支丹研究者は菅野義之助氏の『奥羽切支丹史』、『後藤之家譜』を基に、菅野説を追従していると、只野、司東両氏は指摘する。

それでは、只野淳氏及び司東真雄氏は寿庵の出自をどう考えていたのか。大正の時期『贈五位故後藤寿庵』(鈴木省三氏)にある「寿庵は伊達氏の世臣後藤四郎信家の次子」を基にした説を只野氏はとっている。さらに司東氏は「蒲生氏郷の家臣後藤喜三郎の子千世寿」という新説を打ち出している。

寿庵の出自には、突拍子もない奇をてらった説がかなりある。独自の説を一番はじめに打ち出した者勝ちのような状態である。そのような中でも信憑性の高い菅野、只野(鈴木省三氏)、司東の三つの説を紹介したが、新たな史料・物証等の発見によって、出自が確定されてくることだろうと思っている。

このように寿庵の出自を探るだけでも多くの説が浮かび上がってくる。さらに後述する寿庵の終焉地をめぐり、幾多の説が出てくるように、時間的にも空間的にも超越した寿庵は、まさしく「まぼろしの寿庵」なのである。

筆者が寿庵の出自で疑問を覚えている点だけを記しておきたい。

①最初はフランシスコ会に所属しながらも、後にイエズス会の宣教師との関係が深くなっていったのはなぜなのか。

②田中勝助とどこで会ったのか。当時長崎に居た寿庵が田中勝助と長崎で会ったというが、田中は、メキシコから浦賀に帰港し、京都に戻っていたので、長崎ではなく京都での出会いが始まりだと考える。短期間の親交で、支倉常長とともに寿庵を伊達政宗に推挙したことになる。政宗はキリシタンを登用すると公言していたが、短期間の親交で推挙された者を慎重な政宗は簡単に受け入れるだろうか。

③伊達家と血縁か姻戚があれば優遇することはあり得るが、そうでない者を千二百石の高禄で家臣にするだろうか。寿庵はキリスト教宣教師から天文・土木・砲術等の当時の先端技術と海外事情を習得していたと思われるから、申し分ない人材であることは確かなことであったろうが、それだけで家臣になれるのだろうか。

④伊達政宗は、後藤寿庵を逃亡させた訳は何だったのか。寿庵は、最初は南部藩領に潜行し、仙台藩領に戻ってきている。それも仙台中心部に住んでいたといわれている。そのようなことが可能にした背景には何かあるのか。さらに、仙台藩内での迫害が過激を極め、南部藩領内に再び潜行したのか。

奥羽切支丹の筆頭代表者

キリシタンの事績は、欧州・ローマ側からのみ伝えられたものを、仙台側から発行・送付された文書の発見によって支証された。

東北の布教は、ルイス・ソテロが伊達政宗に招かれた慶長16年（１６１１）11月23日に仙台領内での布教が許可されたことからはじまる。そのような状況や信徒の普及などを伝えるのは、『イエズス会年報』等の外国の記録である。

前述した只野淳氏によると信者数は確実に捉えることはできないが、仙台藩領内では、支倉常長が帰仙した元和６年（１６２０）が最盛期で、元和６年から寛永初期まで千人ぐらいであったのではないかと推定している。日本全土の信者数は十万人、宣教師21人、助修士30人といわれている。ソテロは慶長16年11月23日から一カ年の間に東北地方で1800人に配下の神父による洗礼を行なったという。(『支倉常長ローマ使節紀行文』)

今まではキリシタン大名による丸ごと転宗させるやり方で大名家臣の入信、一般庶民への布教を強制的に行なってきた。しかし、豊臣政権から徳川政権にかけてのキリシタン禁教策により、教勢は衰えはじめた。ところが、武士は大名にならい棄教する者が多い中で、一般庶民は埋もれ火の信仰を灯し続けてきた。それが、隠れキリシタン、潜伏キリシタンとして、生き続け、明治初めにも迫害され、殉教した。

なぜ、一般庶民への信仰が急激にひろまり、信仰を守り続けてきたのか。その背景は(1)封建的で貧しい現実に対する新風(2)仏教僧侶に対する失望と諦念(3)宣教師の身命を賭した使命感と人格、学識及び庶民を愛する姿勢(4)あの世の死生観が明確(罪を告白し懺悔して洗礼を受ければ天国に行ける)(5)奥州は迫害が厳しくなく、全国から信者が潜行し、団結が強かった。(6)新しい仏教宗派と思い信仰した。

以上のようなキリスト教受容が考えられるが、東北は迫害が厳しくなかったために、逆にその汚名を晴らそうとするあまり、東北、特に仙台藩領内における弾圧はすさまじいものであった。その地域、一族を根絶やしする「所成敗」を行ない、自分を含めた6世代までの類族改めによる切支丹の根絶を図った。その地域には、西日本のような組織及び教書などを語り、引き継がれることなく、大籠、狼河原に見られる処刑地であった所の石塊とミサを行なっただろう洞窟だけが残っている。東北一の切支丹である後藤寿庵もそれらの遺跡に残されているのかもしれないが判然としない。

このような中、後藤寿庵署名の３通の文書がある。この文書は、明治32年（１８９９）に村上直次郎、坪井九馬三《くめぞう》両博士がイタリアのバルベルニ家博物館で発見し、現在バチカン博物館に所蔵されていて、菅野義之助氏の『奥羽切支丹史』に掲載されている。その文書の概略を紹介する。

①元和３年（１６１７）10月９日
見分村（後藤寿庵を筆頭に他４名）、矢森村（６名）、志津村（５名）の代表者が同地方の布教状況をイエズス会区長に報告・言上したものである。この村々に教会堂があり、信徒が４５０人、自分たちの宗門であるフランシスコ会の宣教師は訪れず、イエズス会のゼロニモ・デ・アンゼリス神父が取締りを恐れず宣教している。

この年に、この文書以外のイエズス会年報には、アンゼリスが仙台、石積《いしつもり》（黒川郡）、三迫《さんのはさま》（栗原郡）、志津（西磐井郡花泉）、見分を訪れている。第一の筆頭者後藤寿庵は仙台・見分の代表者であり、教会堂（宣教堂）が見分・矢森・志津に置かれ、アンゼリスもそこを訪ねていることがわかる。

②元和３年（１６１７）10月９日
前記①と同じ日付でイエズス会区長に報告・言上したものである。フランシスコ会のソテロが慶長16年に来仙し、遣欧船の相談で30日間逗留。慶長18年ソテロ、イナショ、フライの三人が来仙し、この三人はメキシコに渡ることになった。切支丹信者は４００余人であること。

③元和7年（1621）8月14日

「奉答文」で後藤寿庵が奥羽二州を代表している。元和3年、パウロ5世の時、数百年来の大工事であったサンピエトロ大聖堂が落成したので、これを祝するため全世界に教書を発した。また、そのころ、日本では切支丹の迫害が始まっていたので、教皇は日本全国の信者を慰問するために訓示を添えて送ってきたものである。それが元和6年に着き、長崎で翻訳され各地の信徒に交付されたのである。それの返書が「奉答文」である。この返書はビレイラが元和9年にローマに伝えた。

教書に感謝すると共に迫害に対して堅固な態度で信仰に臨む決意を表明している。そして、東北諸藩の奥羽では各大名がいる中で、福音が大いに広まった。政宗は天下を恐れ、元和6年ごろより迫害を始めた。この迫害にあたって、転宗する者があったが、転宗しない者が堅固な信仰をもつことができたのは御心より赦罪式を許して下され、大いに切支丹に勇気を与えてくれたからであると感謝を示している。さらに、奥州に切支丹が起こった所以を記し、アンゼリス、カルバリヨ、アダミの三人によって迫害にあっても福音の培養がなされた。最後にローマ教皇の祝福により信仰の力を得ることが望みであり、朝夕「おらしょ」（祈祷）を怠らないと述べている。

署名者17名中、第一筆頭者は後藤寿庵である。署名判明者4名が仙台であり、仙台が布教の東北第一で中心地が寿庵の見分村福原であることを示している。他の署名判明者は久保田（秋田）、会津、二本松、白河である。判明者が11名であるが、他の6名はわからないでいる。当時の南部藩、米沢藩、山形藩、津軽藩の代表者が埋もれているのかもしれない。

以上の3通の文書から、後藤寿庵は奥羽の筆頭の代表者であり、欧州においても名前が知られていたことになる。そして、寿庵の采領地である見分村福原は奥羽の切支丹の中心地であり、最大の信徒を擁する宗教都市であった。

「寿庵堰」

後藤寿庵の切支丹の事績について見てきたが、宣教師から天文・火術・土木等を習得していたことでの才能を見いだされ、伊達家家臣になった。二度の大坂の役で鉄砲隊の隊長として参戦し、その才を充分に発揮している。その他、特に土木技術に関する才の発揮は胆沢川の氾濫で砂漠のような不毛地帯を肥沃な水田に開拓した。その胆沢川に堤防を築き、荒れた扇状地に水を引き入れたのが後藤寿庵の「寿庵堰」である。

開鑿・竣工の時期は、元和4年~元和9年で、今までこの地域に水を引く工事の失敗を乗り越えるクレーン・サイホンのような鉱山技術・土木技術と運転機を使っての大きな石を積み上げる技術が導入されたのである。今までの工事では石積が洪水で破壊され続けていたものを大きな石を積むことによって破壊を免れたのである。おそらくこの技術は宣教師カルバリヨ等の指導による大きな賜であったと思われる。

そのような準備をしていた寿庵は、元和4年に伊達政宗がこの地域巡回時に開鑿を提言したといわれている。その費用はすべて領主である寿庵が捻出しなければならないのである。その費用捻出に相当な借金でまかない、寿庵逃亡後もその借金の支払いをしていた。

「寿庵堰」の全貌は、胆沢川上流見分村若柳金入道《かなにゅうどう》（標高120m・現胆沢町若柳）に巨石を積み、長さ2間2尺（4m63㎝）、幅8尺（2m65㎝）、高さ1丈（3m33㎝）の取入口を構えて、河川を導いて幅2間ないし3間（3m64㎝ないし5m50㎝）、深さ2間ないし4間（3m64㎝ないし7m27㎝）、9百40間（1・7㎞）を流れ、同村大違《おおたがい》（現胆沢町小山二枚橋であるが場所不明）で二条に分れ、「上堰」（南東に奔流、東進して北上川に注ぐ）と「下堰」（東流して北上川に注ぐ）となる。

この二つの堰は旧2町7カ村をうるおし、末は北上川に注ぐ延長4里余（16㎞）、胆沢扇状地の面積約2千6百町歩（2600ha）に及んだ。しかし、寿庵は元和9年に逃亡し、完成を見ずに工事は中断した。その後、寿庵と共に工事にあたっていた千田左馬に引き継がれる。

寿庵堰（奥州市胆沢区小山明神下）

寿庵の逃亡・南部領

元和6年（1620）8月26日支倉常長の長崎帰朝を受けて、伊達政宗は突然「切支丹禁令三箇条」を仙台領に発した。「一　将軍の意志に反して切支丹になった者は第一の罪人として棄教を命ず、これに反する時は、財産を没収し、追放或いは死刑に処す。二　切支丹信徒を訴え出ずる者には褒賞と賞金を与う。三　総ての伝道士は信仰を棄てざる限り追放を命ず」（『イエズス会１６２１年度年報』）。この三箇条により今までの切支丹に対する寛容策を仙台藩は改めた。支倉常長の帰国を受けて、その影響を恐れた幕府の命を受けたのか、忖度したのかはわからないが、その変化の見せしめとして、元和６年11月６日に切支丹の東北の中心地見分村福原に近い水沢でわざわざ６人斬首の「所成敗」をした。

そのことは、前の章でも触れた『イエズス会年報』１６２１年度（元和７）によると、１６２０年（元和６年）11月６日のこの斬首は、寿庵が筆頭者となる「奉答文」を出す前の年の出来事になる。ジョアキムとアンナ夫妻と他の４人の殉教である。最初は仙台で取り調べと棄教のための拷問が行なわれたが、棄教しないため見せしめに水沢で処刑されることになった。水沢に戻り、信徒たちに向かいジョアキムは「キリストの御受難は、如何ほど辛いことを耐え忍ぶためにでも十分な元気と力を与えてくれるから、それを思い出すようにと懇請した。話をしている間に鉄の首環と手枷とが持ち込まれた。ジョアキムはそれを見て、心が自ら愉快になり、地に跪き、頭を傾けて刑具に敬意を表わした。それから両手を挙げて主キリストの御苦しみを思い起こさせる様な責め道具で、自分が苦しめられんことを欲し給うことをデウスにあつく感謝し、祈と信心の激励の中に一夜を過ごした」。

このような処刑は前代未聞のことであったから、多くの見物者が集まった。その群衆に対してジョアキムは大声で叫んだ。「私は無窮のデウスが遂に私の宿望を遂げさしてくださいましたにつけて、大いに感謝いたします。キリストの信仰を奉じ、私の血を以てその信仰を証することを私は御意によって早くから熱望していたものでした。只今はその宿望を遂げるべき目標に向かって足取り勇ましく駈け出します」。そして、ジョアキムとアンナは「天に在す（主祷文）」を誦えだすと切支丹たちも「ゼズス・マリア」と叫んで御助を祈った。

元和8年（1622）8月26日に支倉常長は、約7年間の派遣事業で帰国してから2年後に亡くなった（1年後の説もある）。享年52。寿庵はどういう思いで常長の死、ジョアキムとアンナの殉教を迎えたのだろうか。

常長は棄教したと流布されていたが、フランシスコ会ソテロは常長が熱心に信仰を守り通し、宣教師から秘蹟（サクラメント）を受け、帰国1年足らずで亡くなった、とソテロ自身殉教の前に報告している。しかし、イエズス会は、常長が長崎に帰国した時に、棄教しなければ帰仙できないといわれ一番先に棄教したと記録している。これが、常長棄教説の根拠となっている。

しかし、ソテロがいうことは、寛永17年（1640）、常長の嫡男常頼が他領にいる弟が切支丹であることから、家督の責で切腹し、常頼自身も切支丹であったといわれているように常長の教えは脈々と受け継がれていたことから、信憑性は高い。

元和9年（1623）10月に徳川家光は江戸でゼロニモ・デ・アンゼリス、原主水、ガルベス他50人を火刑にした。そして、全国の諸侯に切支丹禁絶の厳命を下した。同年12月7日伊達政宗は家光から江戸城での供応後、切支丹禁絶の重責を負わなければならない羽目に至り、国元に急使を向かわせた。政宗は石母田大膳宗頼に寿庵の説諭にあたるようにと「棄教三カ条」の直筆の誓紙を送った。

その内容は「第一　僅か一時間たりとも其屋敷内に宣教師を立入らしめぬこと。第二　何人にも切支丹になったり、信仰を続けてゆくことを勧めない。第三　領主から切支丹の法に従って生きる許しを得たことを秘密にすること」(『イエズス会1624年度年報』)。

政宗は、寿庵だけを除いて切支丹の員数を調査することを命じた。切支丹嫌いの茂庭石見綱元は寿庵こそ真っ先にやり玉にあげなければならないと主張した。奥羽諸藩は切支丹に対して寛大であったため、全国から信徒が集まり、宣教師も布教が容易であったが、この元和9年の家光による全国禁教令は大きな衝撃を与えた。

石母田大膳宗頼は、政宗の命により寿庵の転宗にあたることになった。大膳は、信仰を貫くことにより生命を犠牲にすべきでないとして、家族も刑を受けるのだと大膳の妻も説得に加わった。大膳は、元切支丹ではなかったのかといわれている温厚な人物であり、寿庵の見分村福原に隣接する水沢の領主であり、寿庵共々家族の付き合いがあり、寿庵の理解者であった。寿庵は政宗からの恩顧は計り知れないものがあるが、神からの恩寵はそれよりも多いと生命を失っても棄教しないと言い切った。それでもなお政宗より直書を受けたので水沢周辺の数名の領主からの説得にも寿庵は頑として信仰を固持して動かなかった。大膳は「寿庵が棄教しないことで、何方へ逃れることも仕方ない」(『石母田文書』)と政宗に江戸家老を通して具申している。

『イエズス会1624年度年報』によると、「寿庵は寿庵館に滞留しているカルバリヨ神父に語り、二人とも主のために勇ましく死なんものと覚悟した。そして、政宗に送るため大膳宛ての手紙をしたためた。政宗に対する恩義に浴している、必要とあらば生命を惜しむものではないが、信仰を棄てよという命令には従うことはできない。むしろ追放か死罪に処せられるならばそれを甘受し、怨に思ったり復讐することは断じてない。万一生命をながなえるならば日本の如何なる人々の中、如何なる国においても政宗に忠勤を励むだろう」。

政宗のこころづくしも効なく、寿庵の信仰を動かすことはできなかったので、元和9年12月半ばすぎに寿庵に追っ手を差し向けた。寿庵はこのことを事前に知り、百余人の家臣と共に南部藩領に逃亡した。カルバリヨ神父は寿庵に迷惑をかけたくないとして、下嵐江《おろせ》（福原から西北8里・32㎞、胆沢川上流、奥羽山脈の谷間で銀山があるところ）に逃れ、60人が捕縛されたが、それらの身代わりとして、カルバリヨ神父は自首し、それらは解放されたが、カルバリヨ神父を含めて10人が仙台に護送されることになった。その途中2人が斬首、1人が自首し列に加わり最終的には9人が30里（120㎞）の道を徒歩で仙台に護送された。

その年の12月20日捕縛された者が広瀬川川底の水壺で水死刑、2人が殉教した。翌年1月2日カルバリヨ（日本名長崎五郎右衛門、日本に来て15年間、東北と三度の蝦夷地伝道、元和5・6・8・9年福原に赴く、享年46）他計7人が殉教した。

この9人の殉教の前に、仙台藩では火あぶり刑8人、水死刑8人が見せしめのように行なわれていた。この広瀬川大殉教以後、奥羽では切支丹の「所成敗」という処刑の迫害と弾圧の一途をたどることになる。昭和46年仙台広瀬川大橋東河畔に「切支丹殉教碑」が建てられ、広瀬川の川底を見下ろしている。

寿庵の逃亡・仙台領

元和9年（1623）12月半ばに寿庵は南部藩領に逃亡したことが、寿庵の後の領地を引き継いだ横沢将監から石母田大膳への手紙で知られている。横沢将監は、元和2年（1616）支倉常長一行を迎えるためメキシコに向かい、翌年洗礼を受けている。そして、前述した元和7年の「奉答文」で、仙台藩4名のうち2番目に署名している。この切支丹の中心地見分村福原に仙台藩が意図的に切支丹関係者を配し、藩としてこの地域を外部と遮断し、封じ込めようとしているように思えて仕方ない。

寿庵はなぜ逃亡を図ったのか、当然政宗の寿庵救命の意図があり、追放になったのだろうが、逃亡前には切支丹信者が殉教している。そういう中で、寿庵はなぜ逃亡し、生きながらえたのか。武士道から言えば卑怯極まりないことで非難され、当地の信徒たちもがっかりしたという思いが強かったのではないだろうか。

それでも寿庵は逃亡を選んだ。元来キリスト教では生命は神からの創造物の賜りもので、自死で断つことは罪業とされた。むしろ逃亡などの運命に耐え忍び、神に心身を捧げるのが本懐であった。切支丹武士である寿庵にとって、切支丹の中心人物として、信仰を極めていた人であるからこそ、難を避け逃亡・潜伏し信仰に生きることは異例ではなかった。

このような逃亡・潜伏のころ、元和6年政宗の「切支丹禁令三箇条」の二番目にあった切支丹訴人への褒賞と賞金によって、厳しく取締りが行なわれ、多くの殉教者が出た。逃亡・潜伏先で訴人に見つからないよう隣人の眼に気をさらすことが多くなった。

そして、南部藩の取り締りも仙台藩同様に厳しさを増した。後藤寿庵との関連が強かったことから、寿庵と逃亡した家臣たちによる布教も南部藩に潜行中も行なわれて南部藩での切支丹信徒が増えていった。このような捕縛・処刑・転宗があったことはその人数分の訴人がいたことを示している。南部藩はその取り締まりの包囲をせばめてきた。寿庵はその取り締りをかいくぐり、灯台下暗しで仙台の城下町に移り住み込んでいる。

このことについては、寿庵の見分の領地を継いだ横沢将監から切支丹担当奉行（家老）石母田大膳への書状3通（『石母田文書』）がある。これは、寿庵の逃亡・潜伏を示す資料であり、寿庵の善政を示す資料ともなっている。

第一の文書、「二月二十七」、年号は明記されていないが、寿庵逃亡後の翌年寛永元年（1624）と思われる。横沢将監は寿庵の領地であった見分村の領地からの年貢を本藩に引き渡そうとしたところ「免方引」（年貢の免除）の知行があり、大変困っている。茂庭周防（良元、石見の子、志田郡松山領主）、遠藤式部（玄信、栗原郡川口領主）より寿庵の負債の催促があって困っている。

第二の文書、「三月十二」、これも第一の文書と同じ寛永元年と思われる。寿庵の借金返済の見通しと返済延期のことが書かれてある。松坂日向、境野信濃の借金は見分からの上納金で支払うが引き延ばしたこと。阿久津修理、黒沢久左衛門からの一分判38切（9両2分、仙台藩では金1切＝1分）政宗の命により上納金で支払うことになったが引き延ばしたこと。草刈玄蕃、浅利主膳が、政宗の側室御娼様から寿庵の事業資金を融通する斡旋をしたが、寿庵は逃亡したので政宗からこの資金は下人どもを救うための貸与したのだから百姓どもの年貢で未納金を取り立てて支払いせよと厳命した。将監は、この寿庵の部下に貸与した資金は政宗側室からの資金ではなく、馬を売った小助から50両を借りたもので、寿庵逃亡後、孫左衛門を使いにして金子の利子を支払ったのだと言っている。さらに、将監は寿庵自身が一文も取るつもりはないのだから先方がその事情を知れば催促できないし、見分村の経済状況から早急の取り立てを引き延ばしすることを許可してほしいとお願いしている。

第三の文書、「寛永仁（二）年三月廿三」で寛永2年になる。第一、第二の手紙にあるように連続した借金返済の工面に目途がついてくる。見分村の未納金は一分判46切（11両2分）、米10石ほどであるから横沢将監が他から借りて皆済する。寿庵は「四免」（四割引き）の上納を領民に課していたが、その裏付けがないので、この「四免」である「寿庵引」を裏書き（保証）してほしいと大膳にお願いしている。

この文書を見ただけでも寿庵の人柄が窺える。四割引きの年貢と「寿庵堰」の借金だけを見ただけで、領民から慕われていることがわかる。その寿庵の領地を引き継いだ横沢将監と石母田大膳の苦労がしのばれるし、政宗の背後からの配慮がこの文書からわかる。

仙台藩の寿庵に対する気の使い方は尋常ではない。ただ、寿庵の領民に対する善政は当時の領主にしては稀なことであることはまちがいない。

寿庵の終焉

元和9年12月半ばに寿庵が逃亡した記録は国内外の記録でわかるが、逃亡先及びその足取りは生い立ち同様謎である。イエズス会の資料でも寛永15年に寿庵の消息が絶えたとだけある。前述の寿庵の借金返済の『石母田文書』には、年号ははっきりしないが、借金の返済時、仙台城下・木ノ下に居て、転々としていたことを推測できる箇所があり、政宗もそれを承知していて、その都度寿庵の消息を確かめるよう報告を求めていることが窺える。

仙台におけるカルバリヨはじめ多くの殉教者が出ているのにもかかわらず、その迫害の渦中である仙台城下に現れることは一体どういう理由だったのだろうか。もちろん借金の返済が主であろうが、寿庵は死を覚悟しており、カルバリヨはじめ同志の殉教を見届けに来ていたのかもしれない。

寿庵は、領地を棄てて領外に逃げたことは、逃亡した際、武士の道から外れていると批判されるが、自殺できないキリシタンの教えに従ったことを前に述べた。それに加えるとすれば、切支丹が棄教しない場合、領外に逃げるのは浮世の財を投げ打って、永遠の財を失うまいとしたことだ。寿庵も同じ心境であったと思われる。寿庵の奥州における切支丹の中心人物であり、灌漑の堰造りを借金してまで領民・地域民を救うという博愛の精神はキリスト教から醸成され、寿庵の人格を育んだものと誰しもが認めることだと思っている。

特に、伊達政宗は、寿庵の土木・砲術等の最新式の技術を高く評価していただろうが、それ以上に寿庵の素朴で、誠実で博愛の人格をこよなく愛していたのではないだろうか。この点については、政宗の支倉常長同様に後藤寿庵への主従を越えた信頼と二人が有する博愛の精神を政宗は認識していたと思われる。

政宗は、常長、寿庵が抱く身分上の主従関係と精神上の主との関係の二重性を認めていたが故に二人に主従を越えた対応を行なったように思える。政宗自身も切支丹に改宗しようとしたが、統治する者の不都合から改宗を取りやめたという説がある。

しかし、既存の宗教にはない、新鮮で、自分たちを救ってくれるだろうという新風のキリスト教を味わった場合、既存の仏教等の宗教には満足できないでいたはずだ。それは宣教師の清貧の人格と生命を賭した使命感の魅力は、僧侶等とは全く比較にならない。政宗はそのことを知っていた。

政宗は、支倉常長の遣欧使節には、キリスト教の布教が前提であることを知っていたゆえに、キリスト教徒の人材を発掘、優遇していたと思われる。その布教のまとめ役の特命を受けていたのが、後藤寿庵であったろうと思われる。また、常長自身キリスト教徒が存在する采領地にいて、キリスト教を理解する下地を持っていたと思われる。転宗した横沢将監はじめ、転宗したといわれている石母田大膳への優遇にもそれらの片鱗が見え隠れする。

そのような配慮からか支倉常長の帰朝後から終焉まで、後藤寿庵の出自・終焉までは謎だらけで、まだ切支丹寛容策がとられていた。政宗の死（寛永13年・１６３６）からというよりも政宗の死の翌年起きた島原の乱が迫害に拍車をかけたのだろうが、政宗の猶予ある切支丹政策に幕府は容赦なく迫害の鞭を打った。政宗は、弾圧したが、まだ仙台領内は見せしめ程度の点であり、それが政宗の死後、面となる。

寛永15年（1638）のポルロの自首から芋づる式にバラヤス（フランシスコ孫右衛門）、支倉常頼（常長の子）、ペトロ岐部らの捕縛があり、仙台藩で大処刑が始まる。その年、大籠（東磐井郡藤沢村・現一関市藤沢町）「地蔵の辻」84人処刑。寛永17年（1640）支倉常頼の切腹、大籠94人処刑。享保年間（1716〜1736）登米郡米川村狼河原《おいのかわら》（現登米市東和町）「三経塚」210人以上処刑。

以上のように、面の広がりを見せているが、ここに記載されたものは、迫害の一部に過ぎないし、はっきりとした人数はわからない。このような背景をもって、後藤寿庵は終焉を迎え、その後、仙台藩領では迫害が続くことになる。

寿庵の逃亡とその足取り及び終焉の地については、寿庵の研究者はいろいろな説を展開しているが、決定的な学説はない。それらの主な学説が唱えられた古い順に紹介し、寿庵の終焉における心情を探っていきたい。

【大眼宗説】（明治初期の説、姉崎正治氏支持）

「寿庵は元和6年迫害のころ、秋田領の山岳に逃れ、元和7年大眼宗に対する派兵で殺された」。秋田平鹿郡今泉村の岩中《がんちゅう》という者がこの大眼宗という名の伴天連法を広め、騒動となった。その岩中が寿庵であるという伝承である。

元和7年には寿庵は見分村に滞在しているし、『イエズス会年報』に寿庵が南部藩に逃亡していると記載されているので誤りである。大眼宗という一種の秘事宗門で、切支丹と混同して騒動になったようであることが寿庵の出自で前述した『後藤之家譜』に記載されている。

【登米郡米川村狼河原説】（昭和26年、只野淳氏が唱える）

昭和26年3月小原伸氏が登米郡米川村で寿庵供養碑らしきものを発見したことが、寿庵がこの地に南部藩から寛永3年（1626）に潜入したという説になった。この根拠は、口碑（言い伝え、伝説）であるが、南部藩浪人として潜入したが「所成敗」になり、屍骸は塩漬けにされ畑に埋葬されたと伝えられている。

この地の「畑中屋敷」の地名、「毘沙門堂」の建物は見分村福原の寿庵屋敷の地名と同じであること、享保年間の切支丹類族改め帳に先祖が切支丹であった後藤家が残っていること、その改め帳には詳しい経歴が残されていることが、寿庵の終焉地の根拠となっている。その後藤家の近くに苔むした墓群に後藤寿庵の墓（「天齢延寿庵　万延元申星十月二日」）があったと伝えられている。その後、この地に追善供養碑（「十　壽菴之墓」）が建てられた。

後藤寿庵の墓（登米市東和町米川西上沢）

只野淳氏は、このような言い伝えを裏付けする資料を根気よく、情熱をもって40数回現地を訪れ、地域住民からの言い伝えを聞き集めたのである。それらの成果は『宮城県史』、『米川村誌』、『みちのくの切支丹』の中に見ることができる。

寿庵は登米郡米川村狼河原で寛永3年（1626）、享年51で殉教した。その後、寿庵の供養碑が建てられたことになる。

登米郡米川村狼河原が終焉地であれば、仙台領地から南部領に逃走し、再度仙台領で後藤家の祖で岩渕家の発祥である登米郡米川村に戻ったことになる。そして、その地に元の領地である見分村福原の地名と毘沙門堂の建物を残しているというのだ。

一旦、南部領に逃れ、危険を犯してまで、いくら先祖の発祥であり、福原の領地を知行した際に、この地にいた元家臣を家臣に取り立て、そして、切支丹が多くいたということで来るであろうか。カルバリヨらの水死刑の見せしめで福原の切支丹も処刑されている仙台領よりは、まだ本格的な切支丹処刑を行なっていない南部領は安全ではなかったか。

後藤寿庵は、ローマ教皇への「奉答文」の奥羽切支丹を筆頭代表となった中心人物であるからこそ、寛永15年から正保3年までの間にこの地で数百人を超える処刑者・殉教者の象徴となったのではないだろうか。

後世の寿庵の供養碑は寿庵の名を借りて、この地で亡くなった殉教者への供養となった。寿庵の名によって供養されることは寿庵によって天国へ導いてくれる光となったと考えたのだろうか。口碑では、寿庵は処刑され、塩漬けされ、畑に埋められたといわれている。これは処刑者を寿庵に見立てて、切支丹の教えを守った寿庵と同じように教えを守って殉教したのだといっているのではないか。そして、地名と毘沙門堂は寿庵の功績にあやかっての命名ではないだろうか。

そうであれば、寿庵はこの時期には生きていたかどうかはわからないが、ここで殉教したならば、イエズス会の年報に記載があって、どのように殉教したかを記録するのではないだろうか。なぜならば、寛永15年の年報には、後藤寿庵行方知れずと記録されていることから、それ以前には生きていたことを示すからである。

もしも、ここで終焉を迎えていたならば、寿庵が逃走して3年間も経っていないわけで、寿庵堰の借金返済などで灯台下暗しで仙台領城下の木ノ下に潜伏したことなど、ないことになる。寿庵はいつでも天に召す覚悟で、借金で元領民に迷惑をかけられないという強い思いで仙台城下にいたのではないか。

【胆沢郡小山村堀切久保説】（昭和43年、小岩栄・末治氏兄弟が唱える）

寿庵の逃亡先である南部藩領和賀郡東和町小山田村（現花巻市東和町）は寛永年間中切支丹の処刑場であり、佐比内金山に寿庵とその弟子たちが指導者として迎えられた。この地域は、盛岡〜大迫〜遠野〜北上〜花巻を結ぶ三角形の中心であり、寿庵の弟子たちの半分が居た。よって、寿庵とその百数名の弟子たちは南部領のこの地に潜伏したとしている。

その後の潜伏先を、昭和47年ごろ、堀切開発者といわれている岩渕右近之墓を寿庵の墓として小岩兄弟が『岩手郷土史』に発表した胆沢町小山字堀切久保とした。その内容が掲載されている『水沢市史』によると、「この墓は六十平方メートルぐらいの規模で、二十柱（柱？）ほどの墓碑が立つ荒廃した墓地であり、この中で特に大きいのは高さ一・六メートル、幅四十五センチの苔むす自然石で、左側には寿庵の娘らしいものと見られる墓碑をはさんで、妻と二男らしい四墓が立っていて、厚い苔の中に次の文字が読み取れる」。

そして、寿庵の娘らしい墓碑は判読できないが、他の三墓は、

○「正保三丙戌八月十四
　葉　室　道　紅　信　士
　堀切開発岩渕右近　七十四死」、

○「承応三甲午五月十三日
　安　宗　妙　心　信　女
　堀切開発者岩渕右近妻　七十三死」

○「寛文九酉年九月四日　病死六十二
　湖　西　浄　江　禅　定　門
　右近二男作兵衛」

実際に行ってみると、四基の配置が異なる。写真の右側から「湖西・・」、「葉室・・」、新たな「春安妙陽禪定尼」（こ

岩渕右近の墓（奥州市胆沢区小山久保）

れが娘ではないか）、「安宗・・」（安崇？）となり、市史掲載の内容と異なる。さらに、娘らしい墓碑は年号が判読できないが、戒名は判読できる。

まさか、墓碑が倒れたのでこのような配置に組み直したのか、市史に掲載されている写真と墓碑銘を比較すれば回復・修理できるのではないか。初めから、市史掲載内容が間違っていたのか、どちらにしても検討を要すると思うので今後の課題とする。

小岩兄弟がこの墓を寿庵の墓とした根拠は、寿庵の掘った寿庵堰がこの地域から掘り始めた由縁の土地であること、追放によって政宗の従属から逃れたので、先祖の姓名「岩渕」を名乗ったこと、「八月十四日」は元和7年（1621）奥羽二州を代表した「奉答文」の日付と同じで死をその日にしていたこと、墓碑が用水開発者にふさわしい法名が刻まれていること、そして、年代が合わないのは潜伏を隠蔽するための策であったとしている。

胆沢郡小山村堀切の「岩渕右近」が後藤寿庵であるとして、正保3年（1646）に74歳で寿命を全うし、自然死で家族ともども埋葬されている。

正保3年（1646）没年74歳、胆沢郡小山村堀切で終焉を迎えたならば、一旦南部領に逃走・潜伏し、再度仙台領の木ノ下に潜伏し、いつかはわからないが、再々度同じ仙台領の胆沢郡小山村に潜伏したことになる。岩渕右近を後藤寿庵に見立てて、その墓を寿庵の墓としている。

確かに小山村は寿庵堰はじめの掘削場所であるが、小山村に隣接している見分村福原の知行を棄て、寿庵堰灌漑事業を後進に委ねて、その借金だけは領民に迷惑をかけないようにと危険を犯して仙台の木ノ下に潜伏したのではなかったか。浮世の財を棄てた寿庵が再度灌漑事業に従事するであろうか。

　ましてや寛永15年から正保3年の間に仙台領では前述したように数百人以上が処刑されている中で、同志が殉教しているのを知りながら灌漑事業に従事できる神経は持ってはいまい。さらに、見分村福原に隣接している小山村には寿庵を知っている者が多数いて、切支丹も多数いたと推測されるが、それゆえに小山村地域の人たちが寿庵をかばうことは大いに理解できるが、逆に訴人からの賞金ねらいの危険がある。

　切支丹改めで寺請の檀家になる際、寿庵とその家族はそれを受け入れ、家族共々墓を並べて埋葬されるであろうか。仮に、変名を使い、棄教のふりをして寺の檀家になったとしても、棄教する罪を誰よりも知悉している寿庵はそれを受け入れるだろうか。周辺で殉教していった者たちに顔向けできないし、神デウスへの裏切りと寿庵は思っていたのではないか。

　岩渕右近は74歳の寿命を全うし、家族共々、灌漑事業に従事した生涯を寿庵の寿庵堰灌漑事業と寿庵の人徳にあやかったのではないか。登米郡米川村狼河原でも指摘したように、寿庵を殉教者・開鑿者・人格者の象徴として扱っていたのではないか。

　岩渕右近は後藤寿庵ではなく、素直に岩渕右近という人がまぎれもなく存在し、灌漑事業に生涯を傾けたと理解するのが自然ではないであろうか。

　仮に寿庵がこの年まで生きながらえこの地で亡くなったならば、仙台藩の大迫害を目にし、キリスト教を棄教したとすれば、死を覚悟し、知行地を棄てたことへの後悔と切支丹であったことをも否定することになる。一体自分は何を信じて生きてきたのかと呵責の念に苦しんで生涯を終わる。博愛の人格者で誰からも信頼厚い寿庵がもだえ苦しむ姿は想像できない。

【和賀郡岩崎村説】（昭和56年、司東真雄氏が唱える）

政宗の側近上田権左衛門が石母田大膳に宛てた書簡では、寿庵の南部領潜伏を政宗がよろこび、その潜伏先に上田がひそかに往復し、寿庵の下人も仙台へ出入りしていることがわかる。寛永12年南部領の切支丹改めの切支丹の住所から寿庵が岩崎、瀬川、湯口、郡山、大迫と逃亡・潜伏した経路がわかってくる。

さらに前述の小岩氏の胆沢郡小山村堀切説で述べたように和賀郡東和町小山田村北面にある朴ノ木金山方面（現花巻市東和町）には潜伏・居住した形跡がある。寛永8年（1631）から同12年（1

岩崎城跡遠景（北上市和賀岩崎）

カルバリヨ神父像
（岩崎地区交流センター）

635）までの間に、どの年か記載がないのでわからないが「小春（十月）十八日仙台木ノ下薬師辺」に隠れ住んでいた。

仙台の迫害が寛永12年から同16年に行なわれ、日付が明記されていないが、この間に寿庵は同14年に再び南部領に潜入したと思われる。水沢領主伊達武蔵（宗利）を仲介として、和賀郡夏油から岩崎に入り、眼病がひどくなり、信徒の家に隠れ住んだ。

司東氏は、寿庵の逃亡、終焉地を石母田大膳との書簡を根拠にしている。年号ははっきりしないが、寿庵の消息を暗黙の了解のうえで書簡を交換している。さらに、岩崎の終焉先に残されている寿庵が最後まで持っていただろうとする遺品のカルバリヨ神父の像（外人神父像・総長32・2㎝）が根拠となっている。

寛永15年（1638）享年62、和賀郡岩崎村で終焉を迎えたならば、南部領に逃走・潜伏し、寿庵堰灌漑の借金返済で、一旦、仙台領の仙台城下の木ノ下に潜伏していたが、政宗の死去により、切支丹宗門改めが厳しくなり、再度、南部領に戻ることを決心した。

和賀郡岩崎村は逃走した時の家臣たちが住み付き、地域に布教していたことがわかっている。さらに、後藤寿庵を匿ったといわれている岩崎城主柏山伊勢守明助（後藤寿庵の影響で切支丹になった）の存在が大きかった。また、この地域にある金山で、寿庵の技術が活かされていたともいわれている。それよりも、寿庵は、政宗との約束・配慮どおり仙台藩領から逃れたことになる。

また、イエズス会年報にあるように寛永15年に寿庵が「行方知れず」と書かれてあるように寿庵の逃走・潜伏の行方の意味を超えて、死を暗示する表記に思えてならない。イエズス会として、ローマでも知られている寿庵の殉教を書き残しておきたい気持ちであったが、「行方知れず」という表記が無念の思いをにじみ出させてくる。

宣教師ポルロは、幕府から仙台藩へ指名手配での圧力がかけられ、寛永14年ごろから探索が厳しくなり、63歳で病気がちであったため、次の年石母田大膳へ自首した。この探索は他の切支丹及び宣教師を芋ずる式に捕縛することにつながった。寿庵はこの寛永14年の探索を契機に南部領へ再度の逃走を図ったと思われる。ポルロは棄教後、切支丹取締りに協力したが、再度信仰に戻り、殉教したと伝えられている。

カルバリヨの殉教、ポルロの自首、切支丹同志の捕縛・処刑を知りながら、逃走を繰り返す寿庵の気持ちは、おそらく彼等を羨ましく、早くゼウスの天国への導きを望んでいたのではないか。逃走の道行きは、借金の返済に目途をつけ、死んだ政宗、迫害に転じた政宗、逃走を認めた政宗への感謝と宣教師たちと同志たちから殉教に遅れをとった虚しさを抱えながら終焉の地に向かったのではないだろうか。

しかし、寿庵の弟子である岩崎城主柏山伊勢守に匿われただろうという証拠はないし、岩崎村には、寿庵が大事に身辺にいつも携帯したとされているカルバリヨと思われる像だけが残り、寿庵の墓も、遺物もない。

寿庵は、出自はもちろん終焉も判明せずに、時間と空間を超えた存在になった。それゆえに、前述の只野氏登米郡米川村狼河原説と小岩氏胆沢郡小山村堀切の説のように、彼は、殉教をはじめ、切支丹の支えとなる象徴の対象になっていったのではないかと思われる。領地を棄てたように浮世の財をすべて棄て、永遠の財を手に入れたことになる。寿庵らしい終焉ではないかと筆者は思う。

逃亡先と終焉先の説を見てきたが、イエズス会の資料の反証から【大眼説】は信憑性に欠いているので、問題外として、【登米郡米川村狼河原説】は、供養碑、口碑という言い伝えを根拠に福原にある地名の類似から推測し、殉教説をとる。【胆沢郡小山村堀切説】は、墓の墓碑銘「岩渕右近」が寿庵であるとした推測で自然死説をとる。【和賀郡岩崎村説】は、年号は明確ではないが石母田大膳の書簡とカルバリヨ神父像の遺物と岩崎城主との関係からの推測で、自然死説をとる。

全ての説に決定的な根拠はないか、薄いという推測の範疇である。しかし、仮に各終焉地での寿庵の心情を考えると、司東真雄氏の「南部藩領和賀郡岩崎」で終焉を迎えたと考えるのが合理的である。

「まぼろしの後藤寿庵」は、眼疾を患いながらも神デウスの信仰を貫き、主イエスの導きによる自然死であったと。

第3章 「犬切支丹」山崎杢左衛門《もくざえもん》の磔刑《たっけい》は、「隠し念仏」の殉教か、それとも隠れ切支丹の殉教か。

山崎杢左衛門の名前も「隠し念仏」のことも知らない人が大方で、筆者も、ハリストス正教と隠れ切支丹の関係を調べるにあたって、隠れ切支丹と「隠し念仏」の信仰地域が重なっていることから知ったのである。それは、岩手県の胆沢郡（当時は仙台藩領・現奥州市）、和賀郡（南部藩領・現北上市）が、「隠し念仏」と隠れ切支丹が重なる里となっている。

この地域の水沢故山崎（奥州市水沢区小山崎大林寺墓地）で宝暦４年（１７５４）５月25日、山崎杢左衛門の磔刑があった。処刑の理由は、「隠し念仏」の導師（派によっては善知識・善師）として邪教である「隠し念仏」を布教したことである。これが定説になっているが、この磔刑は、杢左衛門が本当に「隠し念仏」のために殉教したのか、そうではなくて隠れ切支丹のために殉教したのではないかという疑問がなされている。

そこで、研究者の資料を整理して、杢左衛門の心情から終焉に迫っていきたい。

山崎杢左衛門の磔刑

山崎杢左衛門の磔刑処分の判決文が、仙台市博物館所蔵の『忠山公治家記録』に収められている。これを現代語に意訳・補足して紹介したい。（ ）は著者注記。

「伊達主水殿家中小姓組

山崎杢左衛門

浄土真宗を一念帰命（信心は、阿弥陀如来の勅命に二心・疑いなく、帰依信順すること）の法を六十六部（六十六部の経典を入れた背負い具を持つ修験道の山伏のこと）より授かり、人にも教え、真宗の文章（真宗経典が典拠になっている「御文章」）の冊子で説法を行ない邪法ではないと申し開きしているが、浄土真宗の称念寺、正楽寺の僧から真宗の教えではないし、本願寺から禁制していると申し出があって、邪法と決定した。

仏間を作り文章を語り聞かせ、一念帰命せしめ、真宗の出家へ帰依させ一応の同行（信徒）といい、ついに、その身に帰依した場合真の同行と称し、脇へ漏れることを恐れ、蓮如上人より伝えられたものので、同流の出家者にも聞いてはいけないと約束し、帰依する者を山中に引き入れ、或いは土蔵に集まり如来絵像を掛け、ろうそくを立て、息を加える。

助けたまえと教えて精神を疲れさせ、無症になった際、手に取ったろうそくで口の中を見て成仏すること疑いないと言い、大いに信仰を得て、数郡の百姓多数を欺き惑わし、政事を害し、非道の重罪のため磔を行なう」。

判決文の前段では、山崎杢左衛門が信仰・布教したものは、浄土真宗の僧、本願寺から真宗とは異なる邪法であると断定されたので処刑するとしているが、何が邪法なのかの理由は語られていない。

判決文の後段では、山崎杢左衛門が信仰していたものは、二段構えで同行（信徒）となり、秘密主義で土蔵に集まって、助けたまえと精神的な高揚の中で成仏できるという、すなわち誰にも話してはいけないという秘匿性と即身成仏の「隠し念仏」のことを語っている。

磔刑及び斬罪は、山崎杢左衛門以外に二人いて、磔刑になった百姓長吉の罪状には「犬切支丹ト称スルニ至リ」とあり、斬罪になった留守家家臣今野庄助の罪状は「世上ニ而、犬切支丹ト號シ」とある。さらに流罪になった他の三人についても「世上ニ犬切支丹ト號シ」とある。この磔刑及び斬罪、流罪等で合計26人に及ぶ処分であった。山崎杢左衛門以外の罪状に「犬切支丹」の罪名が語られているが、なぜか、杢左衛門にその罪状が書かれていない。

山崎杢左衛門磔刑地（水沢区小山崎大林寺墓地）

それを書くと藩に支障があるからであろうか。それについては後述するが、「犬切支丹」の言葉には、「犬」という嫌われもの、野蛮なものと当時、世間から嫌われ、軽蔑されているものといえば、切支丹のことを指すのであろうが、それと同じように軽蔑視されていたのが「隠し念仏」ではなかったのか。隠れ切支丹と「隠し念仏」には、極端な秘匿性という外見が似たようなことがあることから、あいまいで、どちらにもとらえることができる「犬切支丹」の言葉が生まれたのかもしれない。

今まで見てきた杢左衛門とその他の者の罪状が、表向きは杢左衛門の「隠し念仏」という邪教の導師としての処分であるが、裏には隠れ切支丹という邪教の処分であることを意味している。それらは、表向き、裏の意味の両面の意味をもつ「犬切支丹」の語句に現れてくる。

東北の「隠し念仏」

「隠し念仏」は、現在も根強く生き続けている。中部地方から東北地方全体に存在しているようだが、岩手県北部の二戸、岩手、岩手南部の紫波、稗貫、和賀、胆沢に集中している。前述したように隠れ切支丹と重なっている地域でもある。南九州の熊本、宮崎、鹿児島の一部には「隠れ念仏」がある。本願寺に志納金を納めているのが「隠れ念仏」であり、藩は、財が本願寺の藩外に流れるのを防ぐためにその真宗を禁教とした。そのために、藩からの弾圧を逃れるため「隠れ」ざるを得なかったのである。

本願寺に志納金を納めないのが「隠し念仏」である。本願寺の教えより、自分たちの信仰が本来の真宗の教えであり、さらに東北の貧困さから、本願寺への信頼と心服はないので志納金を納めないということである。

東北の「隠し念仏」の始まりは、司東真雄氏によると、真言宗新義派（興教大師覚鑁《こうぎょうだいしかくばん》が開創、念仏の勧めの教え）の僧義継が黒岩（現岩手県北上市黒岩）の白山寺（今は廃寺）を康平６年（１０６３）に建立した時といわれている。さらに、真宗がこの地に伝わり、土着したのは、寛喜３年（１２３１）、親鸞二十四輩の一人である是信坊の時である。

当時、胆沢地方は寺院仏教（地方豪族、藩主などが祖先を弔う自家の菩提寺を保護すること）が余り振わず、在家念仏信仰、民衆仏教（災厄防止、幸福増進の現世利益を目的とする呪術祈祷と結びつき民衆に浸透）が大方を占めていたといわれている。

真言宗新義派は、各地をまわって秘密念仏を広めたが、後発の親鸞の弟子是信坊に押されて余り発展しなかったようだ。是信坊の布教方法は、その地方一族の総本家に留まり、一族を集めて説教をする。総本家を別当に任命し、その後、導師となり、一族に対して真宗の僧の代わりをつとめるようになった。

このようにして、二百年間余りも仏別当が置かれ、いつのまにか教えをうける側、仏別当も真宗と真言宗の区別がつかないまま、布教していった結果、真言宗新義派の秘密仏教と真宗の念仏が混合して、この地方の「隠し念仏」の教義体系が形成されたと考えられている。

この形成過程では、浄土真宗の教えは、「表法《おもてほう》」（本願寺本山末寺の僧侶方に伝授）と「内法《ないほう》」（蓮如によって説かれた一般在家方に伝授）があり、その「内法」が宝暦の初めに、「内法」伝授の本家である京都の鍵屋から、仙台藩領の水沢に伝えられる。それらは、地域の真言宗と真宗の混合の特色をもって、上幅派、水沢派、八重畑派、紫波派、渋谷地派などの「御内法信仰」になっていったと思われる。

「御内法信仰」は派によって、組織及び信仰形態が微妙に異なる。例えば、渋谷地派の組織は、教区・講中があり、その中に「大導師」（教区統括）、その下に「導師」、「脇役」、「世話人」を設けている。他の派では大導師・導師の「善知識」の下、「御脇中」、「同行」、「警番」となっているが、役割は大方似ている。

信仰形態は、定例の法会が「オヒモトキ」（お紐解き・1月8日）、「カイゴウ」（会合・春）、「オトリコシ」（お取り越シ・秋）、「オシチヤ」（お七夜・報恩講・11月22〜28日）、「ネンブツモウシ」（念仏申し・葬祭）であり、各派とも大方同じような内容になっているようだ。

信仰内容における教えの眼目は、「弥陀の本願」（衆生を救おうとする慈悲）を信じ、念仏によって極楽往生できることである。その信心を得るためには「即身成仏」（人間がそのまま肉身で仏になること）という方法を取る。

この信心を得るための「即身成仏」に達するには、「オモトヅケ」（お元づけ・信心の元・種が渡される、赤子が誕生後の早い時期に赤子を抱いた親か祖父母が阿弥陀如来の前で導師の口跡・言葉づかいをまねて弥陀の本願を信ずる誓いをすること）と、その「オモトヅケ」した子が「オトリアゲ」（お執りあげ・6、7歳になった時、導師の指示に従い念仏や「タスケタマエ」を息の続く限り唱え、その相好である顔つき・表情から成仏可能か否かを判断される儀式）の二つの秘密の儀式が行なわれる。

戦後まで、その秘儀性のため、誤解・糾弾された。

信心獲得の利益は、死後はもちろん現世においてもある。阿弥陀は死後の救いではなく、現世で衆生が幸福になることを望むのである。真宗の極意である「万物が現世の利益である」ことから、阿弥陀が信心ある者に与える祝福を語るべきではないし、利益誘導して人々を誘う新宗教とは異なり、まことの真宗は阿弥陀がかなえてくれる利益を語ってはならないと、阿弥陀の利益は当然のことなのだ。この極意の教えが「隠し」になって秘密性を帯びていくことになる。

このような信仰形態および儀式は地域の特性及び合理性のために変化していった。例えば「オシチヤ」は孫祝い、七夜の祝い、名付け、衣川村月山神社の七つ子詣、蘇民祭の鬼子登りなど地域の伝統的習俗になっていった。また、「ネンブツモウシ」は葬祭時のものが、隠し念仏で供養するのが定例化し、「子供百万遍」（一軒ずつ巡り、仏壇や門口で大数珠を回すこと）へと発展・習俗化していった。

このような「御内法信仰」はなぜ、「隠し念仏」となったのか。

「御内法信仰」の在家念仏集団は、本願寺教団には、真の信仰はない、教えの正当性も認められない、親鸞の教えから逸れてしまった教団は正当どころか、異端でさえあるとして、自分たちの信仰である「御内法」（「御内証」）が、親鸞の教えを正しく、純粋なかたちで継承する真の念仏信仰であると主張するようになった。

そこに行き着く背景には、本願寺教団自身が、幕府の寺院法度による幕府・藩の王法を第一として、仏法を第一とする本願寺の教えを棄てたことにある。在家念仏者にとってそのことは真理に背くことであり、本願寺教団にこのまま従っていくわけにはいかないとして、教団と袂を分かち独自の道を歩むことにし、「隠し」という潜伏を選択した。さらに、僧侶の目も当てられない俗化と堕落がある。信徒たちは、自分たちが貧困の中で、本願寺に寄付をしているにもかかわらず、本願寺では建築物に財を費やし、僧侶の俗化と生活の奢侈や浪費が繰り返されていた。そういうことが本願寺教団と反目し、自分たちが正当で、教団を異端と言わしめたのである。在家念仏者はこのような本願寺のもうけ主義の堕落から自分たちの身を守るということが現実的な「隠し」へと誘ったのではないだろうか。

それに対して、教団は、寺請・檀家制度に反するという理由で、幕府にこの「御内法信仰」の念仏者を探索・取締りを申請した。

したがって、この念仏庶民信仰者は地下潜行を余儀なくされ、「隠し」ざるを得なくなった。表向きは、地域の寺の檀家になり、併びに「隠し念仏」の教えを守り、信仰を続けていくのである。寺の僧侶自身が「オトリアゲ」の儀式を受けていることが多かったといわれ、寺院が「隠し念仏」の拠点にもなっていたといわれている。在家念仏信仰が地域に深く浸透していたことを物語っている。

本願寺教団と在家念仏集団の関係は、敵対関係になっていくのである。西日本の「隠れ念仏」は本願寺教団とは志納金も払い良好であるが、財が流出という理由で藩から弾圧される。東北の「隠し念仏」は、本願寺教団と反目し、藩からも弾圧をうける二重の過酷な状況の中にいることになる。「隠し」に入った在家念仏者は、寺院檀家制を表向きに受け入れ、地域の寺院の檀家になり、秘密裡に日常生活の中で真宗の教えを守り抜くことになる。この「隠し」は、秘匿性があり、同じ「隠し」でも派が異なる者には自分が在家念仏者と言ってはいけないし、ましてや念仏者以外の者にはそのことについては言っていけない。この秘密性は数百年と続き、今も継承されている。

この秘密性は、排他性を含み、成員の人数を限定するなどして、逆に「隠し念仏」の組織を統制する働きとなり、組織に永続性を生みだした。さらに、自分たちが密かに真理を知り得たという幸福者として信仰の意義を高めてくれた。

隠れ切支丹

慶長17年（1612）に一度目の全国に切支丹禁制の布告がなされ、翌年12月19日、伴天連追放、切支丹の大追放によって、東北に関するものとして、京坂の切支丹の武士とその家族71人が高岡（弘前）に追放される。その後、元和2年（1616）9月、幕府は二度目の全国禁教令を布告する。仙台藩領では伊達政宗は、この一度目の布告後の慶長18年9月15日キリスト教の布教と交易を目論んだ支倉常長遣欧使節をイスパニアに派遣していた。元和6年（1620）、約7年間の遣欧使節支倉常長が帰朝したことを受けて、伊達政宗は急遽藩内に「切支丹禁令三箇条」を発し、切支丹の迫害を行なう。

「切支丹禁令三箇条」は「一　将軍の意志に反して切支丹になった者は第一の罪人として棄教を命ず、これに反する時は、財産を没収し、追放或いは死刑に処す。二　切支丹信徒を訴え出ずる者には褒賞と賞金を与う。三　総ての伝道士は信仰を棄てざる限り追放を命ず」（『イエズス会1621年度年報』）。

この三箇条により今までの切支丹に対する寛容策を伊達政宗は改めた。支倉常長の帰国を受けて、その影響を恐れた幕府の命を受けたのか、忖度したのかはわからないが、その変化の見せしめとして、元和6年11月6日に切支丹の東北の中心地見分村福原・後藤寿庵の領地に近い水沢でわざわざ6人斬首の「所成敗」をした。

元和9年（1623）10月に徳川家光は江戸でゼロニモ・デ・アンゼリス、原主水、ガルベス他50人を火刑にした。そして、全国の諸侯に切支丹禁絶の厳命を下した。同年12月7日伊達政宗は家光から江戸城での供応後、切支丹禁絶の重責を負わなければならない羽目に至り、国元に急使を向かわせた。政宗は石母田大膳宗頼に後藤寿庵の説諭にあたるようにと「棄教三カ条」の直筆の誓紙を送った。

その内容は「第一　僅か一時間たりとも其屋敷内に宣教師を立入らしめぬこと。第二　何人にも切支丹になったり、信仰を続けてゆくことを勧めない。第三　領主から切支丹の法に従って生きる許しを得たことを秘密にすること」（『イエズス会1624年度年報』）。

政宗は、寿庵だけを除いて切支丹の員数を調査することを命じた。かねてより切支丹嫌いの茂庭石見綱元は寿庵こそ真っ先にやり玉にあげなければならないと主張した。奥羽諸藩は切支丹に対して寛大であったため、全国から信徒が集まり、宣教師も布教が容易であったが、この元和9年の家光による三度目の全国禁教令は大きな衝撃を与えた。

後藤寿庵は、政宗の配慮に応えることなく、久保田領もしくは南部領に百数十人の家臣とともに潜伏した。この後藤寿庵に関する詳細は、第2章「隠れ切支丹　後藤寿庵は殉教したのか、自然死か」を参照していただき、ここでは、東北・松前の切支丹の処刑すなわち殉教のことを整理・背景として、後述する「隠し念仏」との関係を探っていきたい。

切支丹に関する資料は、「隠し念仏」同様に、お互いの秘匿性から、全くないに等しいが、東北、松前諸藩の限られた記録から見ていくしかない。これらをまとめた先達の研究者高木一雄氏『東北のキリシタン殉教地をゆく』及びレオン・パジェス氏『日本切支丹宗門史』から東北・松前諸藩の殉教（処刑）の整理を試みたい。

それをまとめるにあたって、どの資料によるのかという問題や処刑すなわち殉教と定義した場合、（表1）「東北・松前の殉教者数（藩ごと）」（章末を参照）は、「隠し念仏」で処刑された山崎杢左衛門の仙台藩とそれと関係が深いと思われる南部藩、久保田（秋田）藩を中心にした東北・松前諸藩の殉教者数を算出した。今までに東北全体の殉教数をまとめた資料は目にしたことがない。

処刑以外の江戸送り死、入牢獄門死は殉教にあたらないのかという問題につきあたる。この表では、処刑された者だけを殉教という焦点に絞ったのは、江戸送りでは、死なのか、転び（転宗）なのか判明しないこと、入牢獄門では、病死なのか、拷問死なのかで、正式な殉教死である処刑とは異なる扱い記録のため、江戸送り死、入牢獄門死ともに判然としないから不明・不算出とした。

それらの不明・不算出の人数は、東北・松前諸藩で判然とした処刑者数「1137人」の数倍に及び、2～3千人に達する可能性があると推測される。それは後世の数百年以上の切支丹の記録である「類族改め帳」の存在から裏付けることが可能かもしれない。

この表から、仙台藩での殉教が「415～425人」で東北・松前のキリシタンの中心であったことを示している。その仙台藩の中心地が、仙台藩領奥（南部藩領との境）である後藤寿庵の領地胆沢郡見分村福原である。それは、元和3年（1617）ローマへの言上書、元和7年（1621）奥羽二州を代表した「奉答文」に後藤寿庵を含めた署名者4人が仙台藩であることから裏付けできる。

次に殉教「123人」の久保田藩である。それは、慶長7年（1602）佐竹義宣が秋田入りした際、大友宗麟の子でキリシタンの義統《よしむね》が来たこと、また、京坂から津軽に追放されたキリシタンが津軽に行く途中に久保田領があったことから、キリシタン布教が盛んに行なわれ多数のキリシタンが生まれていたことを示しているようだ。

南部藩は殉教「108人」で、キリシタンが仙台領から久保田藩の仙北郡の街道を通り、南部藩領に入り込む。もちろん仙台藩領と隣接しているため直接南部藩領に入り込むことも可能であるが、警備が厳しく潜入は難しかったようで、やはり、久保田領の仙北街道から下嵐江《おろせ》銀山経由が安全だったようだ。もちろん、隣接の胆沢郡見分村の領主である後藤寿庵の鉱山技術、灌漑技術の影響は南部藩領の鉱山にも達していたようだ。

その他では、松前の殉教「106人」、米沢殉教「89人」、津軽殉教「88人」となる。これらの藩におけるキリスト教布教の背景は、松前であれば鉱山、米沢であれば会津からのキリシタンの家臣化、津軽は京都、大坂からのキリシタンの追放先であったことが考えられる。

次に（表2）「東北・松前の殉教者数（年ごと）」（章末参照）からの殉教の特徴を見ていきたい。東北最初の殉教は、元和2年の久保田藩で、次の年にも処刑されており、隣接の津軽でも元和3年に処刑されている。これが、第一波の殉教で、処刑された者は他国から入ってきたキリシタンである。

それらは、慶長17年（1612）に幕府による一回目の禁教令が全国に発令され、伴天連の追放及び伏見、駿府、江戸で大迫害が行なわれ、翌年にキリシタン大追放で京都、大坂とその家族71人が弘前の開拓地に追放された。そして、元和２年（１６１６）徳川家康逝去後、二回目の全国禁教令が発令され、追放地の東北のキリシタン取締りが緩いため全国からキリシタンが入国してきたことへの警告的処刑が行なわれたように思える。

第二波の殉教は、元和９年から翌年の寛永元年であり、仙台藩、久保田藩の処刑に偏っている。寛永２年には米沢、津軽、会津にも処刑が見られる。元和９年に三回目の全国禁教令が出され、江戸の大殉教が行なわれ、仙台、久保田でも大殉教が行なわれた。仙台、久保田以外の藩は、散発的な処刑であったが、遅ればせながらのキリシタン狩りで寛永５年～６年にかけて大規模な処刑がなされた。

第三波の殉教は、寛永15年～17年である。寛永14年から寛永15年にかけての島原の乱を受けて、幕府は、「切支丹取締令」を全国に布告し、キリシタン禁絶の厳守と実行の厳命、切支丹人別改めの徹底、報奨金で切支丹の訴人の奨励、諸大名の切支丹狩りを推し進めた。それによって、仙台藩は老中からの宣教師探索書状を受け、弾圧せざるを得なかった。そして、仙台藩では、「切支丹取締令」を発令し、「所成敗」というその地区集落を殲滅する策をとった。藩の基幹産業である製鉄業、農業を破壊してでも汚名返上するため必至であった。それは、松前藩でも同じであった。松前の鉱山に潜入していたキリシタンを排除するために、鉱山業を犠牲にしてでも大処刑を行なった。

第四波は、寛永20年の仙台藩が中心の処刑である。第三波の大規模な処刑に比べれば、第四波は小規模であるが、寛永20、21年にわたる残党狩りの趣があり、21年で仙台藩の処刑は終わっている。しかし、仙台藩では、ここの表にはないが、その処刑の終わりから約70年後の享保年間（１７１６～１７３６）に「三経塚」（登米郡米川村・現登米市東和）で２１０人以上が処刑されている。

杢左衛門の磔刑（宝暦4年・1754）を含む26人の処分は、その最後の処刑から38年～18年後にすぎないのである。

「隠し念仏」と隠れ切支丹

これまで「隠し念仏」と隠れ切支丹のことに触れてきた。浄土真宗の「隠れ」は正統であり、「隠し」は異端で邪教であると、本願寺本部はそう識別し、幕府、諸藩にもそうするように仕向けて迫害を推し進めた。

したがって、非公認・異端とされた側は、「御庫法門」、「鍵かけ法門」、「秘事法門」として余儀なく地下に潜行、すなわち「隠し念仏」として、秘密集会、日々の業を行なっていった。このような潜行・「隠し」は、幕府・諸藩による寺壇制による宗門改めが厳重に行なわれる寛永11年から寛永14年（1637）島原の乱前後あたりからだといわれている。どの寺院の檀家になるかを決める際、念仏の「オトリアゲ」を受けた僧侶の檀家になるようにして、表向きを整えて、秘密裡に念仏信仰を続けていた。

「隠し念仏」の寺院と念仏信仰の二重性は、隠れ切支丹の寺院とマリア信仰にも通じる。また、「隠し念仏」の葬儀における壇那寺宗派の葬儀（表葬儀）の後、「ネンブツモウシ」（念仏申し）の「隠し念仏」の表の葬儀を行なう二重性と隠れ切支丹の葬儀における檀家宗派の葬儀で唱えられた経を帳消しとするオラショを唱える二重性にも共通点がある。

「隠し念仏」の三体である「弘法大師空海」、「興教大師覚鑁《こうぎょうだいしかくばん》」、「見真大師親鸞」と隠れ切支丹の「神・

デウス」、「キリスト」、「聖霊」の三位一体の共通性、「隠し念仏」の「オモトズケ」（御元付け）、「オトリアゲ」（お取りあげ）は、キリスト教における「幼児洗礼」であり、「堅信」と同じような機能をもっているように思える。

「隠し念仏」と隠れ切支丹の共通性は偶然なのであって、それぞれの成り立ちや厳密な内容は異なるのだといって、論じる前から否定する研究者、特に「隠し念仏」側の人が多いようである。例えば、「隠し念仏」成員でもある門屋光昭氏『隠し念仏』では、隠れ切支丹は江戸期から邪教として嫌われていたので一緒に邪教扱いされることに違和感があると述べている。さらに、胆沢・和賀地方は、隠れ切支丹の後藤寿庵、柏山伊勢守（寿庵の弟子、和賀の岩崎城主）の存在が大きく、「隠し念仏」との接点があるのではないかという意見があったが、「隠し念仏」は在家念仏の浄土真宗の真の姿を継承しているのであって、切支丹とは一線を画するものであるとも述べている。

しかし、「隠し念仏」は隠れ切支丹であるという説を唱えるのは、司東真雄氏である。氏の『岩手のキリシタン』の中で、『宮城県史12』に幕府の隠密・小細工次郎兵衛が「隠し念仏」は隠れ切支丹であるからと仙台藩に指摘し、仙台藩は、その指摘を受けて調査し、浄土真宗の名を借り、キリスト教を広めているのを確認していること、さらに、『水沢市史3』には、宝暦4年にキリシタンを処刑（山崎杢左衛門の磔刑のことか）したと記載されていることから、「隠し念仏」は隠れ切支丹であると理由付けしている。

隠れ切支丹は、潜伏し信仰を守ることに必死であった。そのことは、前述したように東北・松前諸藩における処刑で自分たちがいる場所を失っていくことであった。転びすなわち転宗しても信仰を守ること、切支丹で処刑された者の子孫の類族たちが信仰を守るために同じ時期に潜伏していた「隠し念仏」を隠れ蓑にしていたことがあっても不思議ではない。お互いの秘密性が逆に受け合いながら組織の中に組み込まれていったと思われる。それが、前述した洗礼、葬儀、寺院との二重性に類似性が溶け合って、現在では「隠し念仏」が地下に潜行した結果、その起源や最初の目的を忘れ、全然意識することもなくなってきている。これは、「隠し念仏」と隠れ切支丹の二重性が混合し、融合する習合になったのかもしれない。

筆者は、以前より、1865年大浦でのフランス宣教師プチジャンと潜伏キリシタン（隠れ切支丹が後にカトリック信者になる）が再会した奇跡が東北で起こらないのはなぜなのか疑問をもっていた。西日本の潜伏キリシタンは宣教師がいない中で、組織をつくり役割分担して教義を伝え、オラショ（祈り）を唱えることを続けてきた。このことを本当のキリシタンではないと否定する研究者がいるが、日本独自の信仰形態をつくったのが潜伏キリシタンであることは間違いない。

東北のキリシタンは、組織・分担をしながら、教義と信仰を守ってきたが、その信仰を守るために「隠し念仏」の中に潜んだ。潜んでいた「隠し念仏」に潜んだことになる。教義を念仏講の解釈で行ない、念仏とオラショを抑揚などの唱え方で混合していった。基本的には浄土真宗の浄土とキリスト教の天国には、あの世の死生観に共通点がある。

東北の隠れ切支丹は教義、日常の業において全くキリスト教とは似ても似つかわしくないし、潜伏キリシタンのような日本独自の形態を持ち得なかったのだと思う。したがって、東北では潜伏キリシタンは存在しないのであるから、プチジャンと潜伏キリシタンのような奇跡は起こらないのである。

山崎杢左衛門の終焉

山崎杢左衛門は、宝暦4年（1754）5月25日の磔刑にあたり、尋問において、「自分たちは浄土真宗に間違いない」と申し開き、それ以上のことは一切口を割らなかった。すなわち「一切口外」という「隠し念仏」における仲間の密告を拒み、棄教することは生命を奪われようとも拒み続けたことになる。何かしら隠れ切支丹が棄教を拒むのと同じように思えて仕方ない。どちらも組織を守るための掟のような閉鎖性を感じる。杢左衛門は念仏の導師として処刑されたが、他の者は前述したように「犬切支丹」という罪名になっている。悪の意味で使用した「犬」を頭に付けているが、邪教の切支丹を指していることには間違いないので処分している。

なぜこのような「犬切支丹」の名称を仙台藩は使用したのか。山崎杢左衛門の磔刑を含む26人の処分は、宝暦4年（1754）であるから、後藤寿庵が追放されて約130年後と遠いと思われるが、仙台藩の最後の切支丹処刑の「三経塚」（享保年間・1716〜1736）から38〜18年後と相当近いのである。

切支丹の存在は藩にとっては、もう根絶やしにしたと思われていたものがまた湧き出てきたという思いではなかっただろうか。仙台藩の記録には、一関支藩が役人の無知から磔刑、処分した慌てぶりを書いているが、そうではない。

この地域は、後藤寿庵の領地である見分村が東北キリシタンの中心であり、そこの周辺での処刑が多数行なわれ、類族の組織も緻密に行なわれているところで、切支丹に関して相当敏感で、繊細な対応をし、慌てることはないはずである。さらに、「三経塚」での処刑が最短で18年前に起きていることから、緊張感をもって遺漏なきようにと役人は対応していたと考えるが妥当ではないだろうか。

仙台藩と一関支藩は、阿吽の呼吸で、切支丹取締りに怠慢がないという藩の面目上、切支丹は存在しないということで、支藩は慌てた振りをし、藩は李左衛門には邪教である「隠し念仏」の導師を強調して処刑にした。さらに他の者に対しては、「隠し念仏」が、隠れ切支丹ではないが、それと同様な教えと秘密性などからあえて、隠れ切支丹もどきとして「犬」を頭に付けた大胆なネーミングの「犬切支丹」としたのではないか。隠れ切支丹の疑いをあらかじめ払拭する意図で、李左衛門には使わなかった「犬切支丹」をわざわざ使った巧妙なやり方だと思われる。

真意はわからないが、藩にとっての必死の苦肉の策であったはずであろう。隠れ切支丹が、「隠し念仏」であろうと、なかろうと、「犬切支丹」の邪教として処刑する藩の政治的決着であったと思われる。

仮に山崎李左衛門が「隠し念仏」の導師としての処刑であれば、どのような思いで亡くなったのであろうか。そもそも、李左衛門は京都に赴き鍵屋から相伝を受けたのであろうか。江戸中期、京都鍵屋流の秘密念仏宗の伝道師と留守家（現岩手県水沢市）の者との出会いから、念仏宗が広まったとされている。

その最初の信者が百姓武七、板屋の長吉、留守家家臣、山崎李左衛門たちである。百姓武七、板屋の長吉、山崎李左衛門は上洛し、鍵屋から相伝と掛け図を受けたとあるが、留守家家臣で小姓頭勤めをしている山崎杢左衛門が一カ月以上の私的な旅行は不可能で、相伝はなかったのだという研究者もいる。

上洛し鍵屋に出向いた者の中で一番年かさの杢左衛門が相伝を受けたことになっているが、相伝を受けていないとなると隠れ切支丹の可能性が出てくるのではないかと思われる。

磔刑が、「隠し念仏」の稀なる椿事として、切支丹における聖人扱いと同じように記録に残されたのではないかと思ってしまう。そのことは、前沢村から明治23年、胆沢町小山に移転した本浄寺にある『山崎杢左衛門本浄寺御本尊縁起』に杢左衛門の終焉を語っている。この縁起は、門屋光昭氏が『隠し念仏』で整理したものである。抜粋して引用する。

「御本尊阿弥陀如来は、其の昔慈覚大師一刀三唱の特に心に込め給いし御霊体なり。一度この御霊体を合掌礼拝する一念帰命の念仏修行者は、六八弘誓の本願他力の不思議にて、永く三途の苦難を逃れ現世二世の利益を得せしめ給うなり。

当御本尊は陸中国胆沢郡前沢村本浄寺の御本尊にてましますす。宝暦の頃水沢町に山崎杢左衛門と云える篤信の念仏行者ありき、毎日祖師蓮師の御命日には如何なる大風大雨と云えども欠けることなく、二里半の道遠しとせず本浄寺に参詣いたし、本願名号のいわれを聞き聞き、歓喜の涙にむせびつつ仏恩報謝の日暮らしなりき。殊に王法を先とし、内心に深く仏法をたくわいて、当流法義者の姿を顕すべからずと、本願寺蓮如上人の御化導を深く心に銘じて深く自他行の日を送るなりき」。

この篤信の山崎杢左衛門を見習えと多くの者が一念帰命の信心を獲得し、信者が多くなった。そのところに邪険な者がいて、幕府からの切支丹詮議の厳しい折、その者が「山崎杢左衛門は念仏行者のよそおいをいたして居れど、心ひそかに切支丹波転連（伴天連）の教えを広め、人の心を惑わす怪行者なりと幕府の役人にこそ讒訴せり」。

幕吏の囚われの身になった李左衛門は切支丹波転連（伴天連）ではない、念仏行者であると同心の行者が口々に役人にすがったが、容赦なく仙台の調所へと引き立てられた。李左衛門は、拷問にかけられても「念仏以外は何事も存ぜずと、身に覚えなき事は白状する由もなく」と一切口を閉ざした。「にっくき波転連と業を煮やした役人」は、水沢で見せしめのために磔の刑に処すると決めた。

水沢に行き着く途中で変わり果てた李左衛門を見た同心たちは嘆き悲しんだ。その時李左衛門は「この頃の申す念仏とがとなり、弥陀の浄土へとからめとらるると口ずさみ、これこれ皆様この李左衛門は一足お先にお浄土へ参ります。皆様もよくよく名号六字のいわれを聞き聞き一念発起して後からおいで下されやと称名諸共申しけり」。

前沢村本浄寺門前に近づき、李左衛門は役人に本浄寺のご本尊においとまごいを願った。李左衛門は本尊に涙ながらに跪き、おいとまごい御礼を申しあげた。「永の年月いかにお苦労相掛けました。この李左衛門如何なる前世よりの業因なるや、明日は御処罰を受けてお側に参らせて頂きます。たとへこの身は磔にさるるとも、やがて浄土に参りなば血潮に汚れしこの体、光り輝く紫金の蓮台、右は観音左は勢至、前と後ろは五五の菩薩にとりまかれ、心は神通無碍自在、思いのまま衆生済度のできる身にさせて頂くことは冥加にあまる仕合わせぞや、何やらあー有や、南無阿弥陀仏。さらば親様、これが今生のお別れでございます。と仰げばあーら不思議や勿体なや、御本尊の御身より十二の光を放たせられ、青連の御目より血の御涙をハラハラこぼさせ給うをまのあたりに拝みて泣き伏しぬ」。

これが今もある「血涙流胸の御本尊」もしくは「御別れの御本尊」である。

杢左衛門は、本浄寺住職に、自分が囚われた上野の地は不思議な霊地で有縁の地と思われるのでその地に御本尊とお寺を移して欲しいと懇願し、水沢町外小山崎で磔刑に処せられた。

これらは抜粋であるが、明治以降につくられ、何を典拠にしたのかわからないがうまくできた物語であると思う。寺の縁起と山崎杢左衛門の磔刑という椿事がうまく合体している。杢左衛門の信仰の篤さが念仏宗の訓《おし》えとなって、信仰をすすめるとともに寺の移転を絡めているのだ。

この縁起から、注意するべき点を整理検討していきたい。

（1）「山崎杢左衛門は念仏行者のよそおいをいたして居れど、心ひそかに切支丹波転連の教えを広め、人の心を惑わす怪行者なりと幕府の役人にこそ讒訴せり」の所は、「切支丹波転連（伴天連）」の教えを広めていると讒訴され、切支丹としての訴えが捕縛の契機となっていることである。

（2）山崎杢左衛門が拷問にも耐え、一切口外しないことに、「にっくき波転連と業を煮やした役人」とあるように、役人、藩での対応は、切支丹としての扱いになっている。

血涙流胸の御本尊
（奥羽市胆沢区小山道場本浄寺）

（3）念仏唱えるごと、弥陀とともに浄土に誘われているようで、「この杢左衛門は一足お先にお浄土へ参ります」は、切支丹であれば、主イエスとともに神デウスのもとパラデイソ（天国）に参りますに通じる。

（4）「御本尊の御身より十二の光を放たせられ、青連の御目より血の御涙をハラハラこぼさせ給うをまのあたりに拝みて泣き伏しぬ。これが今もある血涙流胸の御本尊である」は、血を流すマリアの奇跡譚に近い。

（5）「杢左衛門は、本浄寺住職に、自分が囚われた上野の地は不思議な霊地で有縁の地と思われるのでその地に御本尊とお寺を移して欲しいと懇願」と磔刑地まで追い立てられる場面は、二千年前、ゲッセマネの園で捕らえられ、茨の冠をかぶせられゴルゴタの丘に向かって引き立てられるイエスの姿である。

以上の注意するべき点は、キリスト教とは縁もゆかりもないはずの念仏者にどうして伴天連、イエス・キリストを想定させることを引き合いに出すのであろうか。それは、ただの偶然であり、念仏宗の訓えを示しているだけなのだというかもしれないが、前述したように、隠れ切支丹と「隠し念仏」の関係を否定している門屋光昭氏は『隠し念仏』で「十字架に架けられたゴルゴタの丘に向かうイエス・キリストの姿を彷彿させる」と言わしめている。

なぜ、伴天連、イエス・キリストに触れなければならなかったのか。「隠し念仏」には触れなければならないことがあったからなのだと思われる。

ここでは山崎杢左衛門の終焉を、「隠し念仏」の側、隠れ切支丹の側とそれぞれの立場で終焉を描こうとしたが、どうもそれは不可能に覚えてきた。

後藤寿庵が追放された元和9年（1623）ごろのキリシタンの殉教は、主とともにパラデイソ（天国）にいくことを望み、喜々として刑に服した。宝暦4年（1754）の山崎杢左衛門磔刑には、38年〜18年前にあった「三経塚」の大殉教を経験している。

そういう経験をしている「隠れ」になっていた切支丹は、「隠し念仏」の中に潜伏し、表紙を「隠し念仏」に替えていたと思われることから、杢左衛門の終焉をそれぞれの側から描くのには無理がある。新たに「隠し念仏」と隠れ切支丹の混交、同化、風化したものとして見る必要を感じる。したがって、伴天連、イエス・キリストに触れなければならない必然が、「隠し念仏」と隠れ切支丹の混合によって、習合したからだと思われる。

杢左衛門の磔刑を「隠し念仏」の念仏宗に殉教したのだという説、隠れ切支丹の教えに殉教したのだという説は両者ともあてはまらないことになる。

水沢にある大林寺の過去帳に山崎杢左衛門の法名と位牌が書かれてある。

「山崎杢左衛門ト云ル家別也
帰元　旨外別参信士位
切支丹ヲ行　カイエキニ成石碑ヲ□（不）□（建）」

とあることから、切支丹の確たる証拠であるが、この位牌は後世につくられたものであるから信憑性がないというのが研究者の立場であるが、寺が「切支丹だったから改易になり石碑を建てない」と但書していることに有力な証拠として見るべきであると思われる。しかし、研究者は磔刑の罪状理由がある以上、位牌で切支丹であることの決定的な証拠にはならないとしている。

前述したように罪状理由には邪教である念仏宗の導師だから処刑したとあるが、杢左衛門以外の処刑者には「犬切支丹」という罪名を付けた。このことから切支丹と窺える要素が発見され、判決文自体が政治的配慮で切支丹でなかったことにしている。素直に山崎杢左衛門は切支丹であったことは間違いないが、元和・寛永で殉教したような純粋な切支丹ではなかったのではないだろうか。

『山崎杢左衛門本浄寺御本尊縁起』で注意点を整理したように、縁起の中にキリスト教の教えが見え隠れしている。当時の隠れ切支丹の教えやオラショ（祈り）が念仏宗にまぎれ込み、念仏宗の教えや念仏と切支丹の教えやオラショと同化したことによって、純粋な切支丹ではなく、念仏宗と同化した不純で侮蔑的な「犬切支丹」として藩の統制側は使用したのであろう。隠れ切支丹という純血を殲滅するために、不純血「犬切支丹」を利用したのである。

それは、藩にとっては大変都合のよい言葉であり、処罰対象の邪教である純粋な切支丹ではありませんよ、藩はしっかりとその取り締まりをして怠慢はありませんということになる。

山崎杢左衛門は、縁起に見られるように阿弥陀（主イエス・神デウスのもと）の導きで、浄土（天国）に行くことを希み、イエス・キリストのように磔刑に処せられる喜びの中で殉教したと思われる。おそらく、切支丹は「隠し念仏」の中では、自分たちの業である十字を切るというしぐさを控えながらも同化・習俗化する中で、念仏を唱えた後に十字を切るという不思議な習俗と思われるところまで落とし込んだのである。

東北の隠れ切支丹と「隠し念仏」の同化は、お互いがどのような目的で存在し、どのような教えなのかが曖昧になっていく過程でもあった。現在も「隠し念仏」は存在し、東北の隠れ切支丹は西日本の潜伏キリシタンのように発見されることはなく、「隠し念仏」の中に生きているということになる。

タイトルを〈「犬切支丹」山崎杢左衛門の磔刑は、「隠し念仏」の殉教か、それとも隠れ切支丹の殉教か。〉と設定し、どちらの殉教であったかを解き明かそうと試みたが、隠れ切支丹が「隠し念仏」に潜み、同化・習俗化した「新たな隠し念仏」として殉教したと結論付けしたい。

隠れ切支丹、「隠し念仏」とお互い純粋なものを追求すれば、するほど似かよっていくのである。お互いが、「隠れ」という秘密性と必死さがくっついていき、「新たな隠し念仏」に習合する感覚を覚えてくる。

これからは、「新たな隠し念仏」としての研究をすすめていく必要を感じている。真言宗と真宗の混淆・習合が見られたように、仏教伝来以前からある日本の神々と仏教が神仏混交や習合がくりかえされてきた。そのような中、「隠し念仏」と隠れ切支丹の混淆・習合があっても不思議ではなく、それは、日本におけるこれからの宗教のあり方・将来を示唆していると考える。どういう過程で混交・習合するかわからないが、新たな宗教が生まれる可能性を暗示しているようだ。

その可能性を示した「新たな隠し念仏」の研究のためには、矛盾するようだが、今まで通り「隠し念仏」、隠れ切支丹を別個に調べ、相互の類似性をより深く見極めていくことが「新たな隠し念仏」

へと続く両宗教の併存・同化・混交・習合の道筋が見えてくるように思える。

伊達政宗の死去から１１８年、仙台藩における最後と思われる「三経塚」の切支丹殉教から約20年前後経っての山崎杢左衛門の磔刑は、政宗の支倉常長や後藤寿庵等のキリシタン家臣への配慮の「アメ」と根こそぎ切支丹を絶滅する所成敗を行なう「ムチ」との拮抗が崩れ、「ムチ」の成果が完結したところでのできごとである。そのような中、切支丹たちは、自分たちの信仰を守るために、「隠し念仏」に潜伏して「新たな隠し念仏」として生きながらえた。

政宗の威徳の下、切支丹政策を引き継いできた中での山崎の磔刑であった。藩としては、切支丹を殲滅したと思われていたものが、切支丹側において「新たな隠し念仏」として、藩側において「犬切支丹」として蘇ったのである。

以下は、（表1）東北・松前の殉教者数（藩ごと）、（表2）東北・松前の殉教者数（年ごと）

（表１）東北・松前の殉教者数（藩ごと）

和暦	洋暦	藩	処刑場所	人数	備考
元和６年10月12日	1620.11.6	仙台	水沢城下福原刑場（黒須場）	6	ジョアキム津島、その妻他
元和７年	1621	仙台	水沢城下福原刑場（黒須場）	50	石母田文書　50人〜60人

寛永元年２月	1624	仙台	水沢城下福原刑場（黒須場）	3	
元和９年12月13日	1624.2.1	仙台	仙台城下琵琶口刑場（仙台大橋下）	6	
元和９年12月26日	1624.2.14	仙台	仙台城下琵琶口刑場（仙台大橋下）	2	
元和９年12月30日	1624.2.18	仙台	仙台城下琵琶口刑場（仙台大橋下）	3	
寛永元年１月４日	1624.2.22	仙台	仙台城下琵琶口刑場（仙台大橋下）	7	カルバリヨ他
寛永元年１月６日	1624.2.24	仙台	仙台城下琵琶口刑場（仙台大橋下）	5	
寛永元年11月８日	1624.12.18	仙台	仙台城下琵琶口刑場（仙台大橋下）	3	
寛永14年７月12日	1637.8.31	仙台	仙台城下琵琶口刑場（仙台大橋下）	2	支倉常頼召使い三右衛門とその妻
寛永16年	1639	仙台	磐井郡大籠村・地蔵の辻	84	
寛永16年５月22日	1639.6.23	仙台	栗原郡馬合村	2	

寛永17年	1640	仙台	磐井郡大籠村・上野ノ辻	94	
寛永17年	1640	仙台	磐井郡大籠村・祭畑	23	
寛永17年	1640	仙台	磐井郡大籠村・トキゾー沢	13	
寛永17年３月１日	1640.4.9	仙台	仙台城下琵琶口刑場（仙台大橋下）	6	支倉常頼他
寛永17年３月５日	1640.4.9	仙台	仙台城下琵琶口刑場（仙台大橋下）	43	
寛永17年４月	1640.4	仙台	仙台城下琵琶口刑場（仙台大橋下）	19	
寛永17年４月	1640.4	仙台	胆沢郡	11	
寛永17年４月	1640	仙台	胆沢郡都鳥村	7	
寛永20年８月16日	1643.9.28	仙台	胆沢郡金沢村	3	
寛永20年８月16日	1643.9.28	仙台	胆沢郡・上野平	6	
寛永20年10月28日	1643.12.9	仙台	磐井郡中里村	1	
寛永20年10月28日	1643.12.9	仙台	磐井郡山目村	1	
寛永20年10月28日	1643.12.9	仙台	磐井郡小島村	1	

寛永20年10月28日	1643.12.9	仙台	磐井郡下黒沢村	2	
寛永20年10月28日	1643.12.9	仙台	磐井郡若柳村	2	牢死１人は処刑者に不算定
寛永21年	1644	仙台	胆沢郡塩釜村	5	
寛永21年	1644	仙台	胆沢郡人首村	5	
小計	亘理郡、伊具郡、加美郡などの訴人による40〜50人が発覚し、江戸送り、入牢死は不算出			415	元和７年50〜60人なので415人〜425人
寛永元年９月25日	1624.11.5	南部		2	デイエゴ己右衛門、トマス弁左衛門
寛永元年11月８日	1624.12.18	南部		2	
寛永12年12月16日	1636.1.23	南部	遠野城下	1	
寛永12年12月16日	1636.1.23	南部		2	
寛永12年〜13年	1636 〜 1637	南部	盛岡	12	不明者９
寛永12年〜13年	1636 〜 1637	南部	知和（紫波）郡郡山	10	不明者５
寛永12年〜13年	1636 〜 1637	南部	遠野	3	不明者２
寛永12年〜13年	1636 〜 1637	南部	花巻	74	不明者24
寛永16年５月24日	1639.6.23	南部		1	

慶安３年３月20日	1650.4.20	南部		1	
小計	寛永20年（1643）～承応２年（1653）30人・江戸送り、獄死不算出			108	
元和２年	1616	久保田	久保田城下	2	
元和３年	1617	久保田	久保田城下	1	
元和６年	1620	久保田	久保田城下	1	
元和８年	1622	久保田	久保田城下	2	大眼宗徒60人処刑、内２人切支丹
元和９年１月18日	1623.2.17	久保田	久保田城下	2	シモン与茂佐、平右衛門
元和９年12月19日	1624.2.8	久保田	久保田城下	2	
元和９年12月26日	1624.2.14	久保田	久保田城下	1	
寛永元年２月９日	1624.3.28	久保田	久保田城下	2	
寛永元年６月３日	1624.7.18	久保田	久保田城下	32	入牢42人
寛永元年６月11日	1624.7.26	久保田	久保田城下	25	
寛永元年６月11日	1624.7.26	久保田	院内銀山	25	
寛永元年６月20日	1624.8.4	久保田	仙北地方山本郡横堀村	14	
寛永元年７月３日	1624.8.16	久保田	横手	4	

寛永元年７月５日	1624.8.18	久保田	横手	4	
寛永元年８月６日	1624.9.18	久保田	平鹿郡薄井村	4	
寛永元年８月12日	1624.9.24	久保田	横手	2	
小計	江戸送り途中死と入牢獄死多数は不算出			123	
元和３年７月３日	1617.8.4	津軽	弘前城下	6	京の流人医師のマチヤス休庵他
寛永２年11月28日	1625.12.27	津軽	弘前城下	1	大和国トマス助左衛門
寛永２年12月12日	1626.1.10	津軽	弘前城下	1	播磨国イグナチオ茂左衛門
寛永５年	1628	津軽	弘前城下	5	
寛永15年	1638	津軽	弘前城下	73	
寛永17年	1640	津軽	弘前城下	1	
寛永20年	1643	津軽	弘前城下	1	伊勢国五左衛門
小計	江戸送り途中死と入牢獄死多数は不算出			88	
寛永16年	1639	松前	大沢（現松前町）	50	
寛永16年	1639	松前	比石（現上ノ国町）	6	
寛永16年	1639	松前	千軒岳	50	

小計	江戸送り途中死と入牢獄死多数は不算出			106	
寛永13年	1636	新庄	飛地上谷地	10	
小計	江戸送り途中死と入牢獄死多数は不算出			10	
寛永６年９月10日	1629.10.26	白岩	最上領白岩（現寒河江）	7	
小計	江戸送り途中死と入牢獄死多数は不算出			7	
寛永６年10月ごろ	1630	山形	山形城下銅町	1	多くの切支丹が潜伏していた、元和、寛永、正保、慶安、承応年間の史料が発見されていない。
寛永６年11月27日	1630.1.10	山形	山形城下銅町	3	
寛永７年６月22日	1630.7.31	山形	山形城下銅町	35	
小計	正保４年（1647）～延宝６年25人入牢、23人獄死不算出			73	
寛永５年	1628	庄内	鶴ヶ岡城下	1	
寛永６年３月17日	1629.5.9	庄内	鶴ヶ岡城下	9	
寛永６年８月11日	1629.9.27	庄内	酒田	10	
寛永６年８月11日	1629.9.27	庄内	鶴ヶ岡城下	5	
小計	江戸送り途中死と入牢獄死多数は不算出			25	
寛永２年	1625	米沢	米沢城下・北山原刑場	1	米沢藩士パウロ佐藤亦五郎

寛永5年12月18日	1629.1.12	米沢	米沢城下・北山原刑場	29	
寛永5年12月18日	1629.1.12	米沢	米沢城下・北山原刑場	16	糟山：7人　新藤谷：7人 花沢：2人
寛永5年12月19日	1629.1.13	米沢	米沢城下・北山原刑場	1	
寛永5年12月22日	1629.1.16	米沢	米沢城下・北山原刑場	3	宮内村：1人　池黒村：1人 二色根村：1人
寛永5年12月23日	1629.1.17	米沢	米沢糟山刑場	6	
寛永5年12月23日	1629.1.17	米沢	米沢城下・北山原刑場	1	
寛永5年12月27日	1629.1.21	米沢	北条郷刑場（現南陽市）	5	
寛永7年6月22日	1630.7.31	米沢	米沢城下・北山原刑場	1	
寛永12年12月16日	1636.1.23	米沢	米沢城下・北山原刑場	16	
寛永13年4月1日	1636.5.5	米沢	米沢城下・北山原刑場	3	
寛永16年4月	1639	米沢	米沢城下・北山原刑場	2	
正保元年11月24日	1645.12.23	米沢	米沢城下・北山原刑場	1	
慶安2年4月12日	1649.5.23	米沢	米沢城下・北山原刑場	1	
承応2年12月2日	1654.1.20	米沢	米沢極楽寺刑場	3	

小計	江戸送り途中死と入牢獄死多数は不算出			89	
寛永２年12月27日	1626.1.25	会津	猪苗代城下	1	
寛永８年12月18日	1632.2.8	会津	会津城下黒川河原刑場	42	
寛永８年12月22日	1632.2.12	会津	会津城下黒川河原刑場	9	
寛永12年12月17日	1636.1.24	会津	会津城下薬師堂河原刑場	5	
寛永12年12月28日	1636.2.4	会津	会津城下薬師堂河原刑場	1	
正保４年４月12日	1647.5.16	会津	会津城下薬師堂河原刑場	5	
小計	江戸送り途中死と入牢獄死多数は不算出			63	
寛永８年12月18日	1632.2.8	二本松	阿武隈川畔伴中河原	14	
小計	江戸送り途中死と入牢獄死多数は不算出			14	
寛永８年12月10日	1632.1.31	白河	城下街道筋牛馬死体捨て場（吊し場）	13	
寛永20年７月18日	1643.9.1	白河	城下街道筋牛馬死体捨て場（吊し場）	3	
小計	江戸送り途中死と入牢獄死多数は不算出			16	
総計				1137	仙台藩元和７年50～60人 1147人

（表２）東北・松前の殉教者数（年ごと）

和暦	洋暦	藩	処刑場所	人数	備考
元和２年	1616	久保田	久保田城下	2	
元和３年	1617	久保田	久保田城下	1	
元和３年７月３日	1617.8.4	津軽	弘前城下	6	京の流人医師のマチヤス休庵他
元和６年	1620	久保田	久保田城下	1	
元和６年10月12日	1620.11.6	仙台	水沢城下福原刑場（黒須場）	6	ジョアキム津島、その妻他
元和７年	1621	仙台	水沢城下福原刑場（黒須場）	50	石母田文書　50～60人
元和８年	1622	久保田	久保田城下	2	大眼宗徒60人処刑、内２人切支丹
元和９年１月18日	1623.2.17	久保田	久保田城下	2	シモン与茂佐、平右衛門
元和９年12月13日	1624.2.1	仙台	仙台城下琵琶口刑場（仙台大橋下）	6	

元和９年12月19日	1624.2.8	久保田	久保田城下	2	
元和９年12月26日	1624.2.14	久保田	久保田城下	1	
元和９年12月26日	1624.2.14	仙台	仙台城下琵琶口刑場（仙台大橋下）	2	
元和９年12月30日	1624.2.18	仙台	仙台城下琵琶口刑場（仙台大橋下）	3	
寛永元年１月４日	1624.2.22	仙台	仙台城下琵琶口刑場（仙台大橋下）	7	
寛永元年１月６日	1624.2.24	仙台	仙台城下琵琶口刑場（仙台大橋下）	5	
寛永元年２月	1624	仙台	水沢城下福原刑場（黒須場）	3	
寛永元年２月９日	1624.3.28	久保田	久保田城下	2	
寛永元年６月３日	1624.7.18	久保田	久保田城下	32	
寛永元年６月11日	1624.7.26	久保田	久保田城下	25	
寛永元年６月11日	1624.7.26	久保田	院内銀山	25	
寛永元年６月20日	1624.8.4	久保田	仙北地方山本郡横堀村	14	

寛永元年７月３日	1624.8.16	久保田	横手	4	
寛永元年７月５日	1624.8.18	久保田	横手	4	
寛永元年８月６日	1624.9.18	久保田	平鹿郡薄井村	4	
寛永元年８月12日	1624.9.24	久保田	横手	2	
寛永元年９月25日	1624.11.5	南部		2	デイエゴ己右衛門、トマス弁左衛門
寛永元年11月８日	1624.12.18	南部		2	
寛永元年11月８日	1624.12.18	仙台	仙台城下琵琶口刑場（仙台大橋下）	3	
寛永２年	1625	米沢	米沢城下・北山原刑場	1	米沢藩士パウロ佐藤亦五郎
寛永２年11月28日	1625.12.27	津軽	弘前城下	1	大和国トマス助左衛門
寛永２年12月12日	1626.1.10	津軽	弘前城下	1	播磨国イグナチオ茂左衛門
寛永２年12月27日	1626.1.25	会津	猪苗代城下	1	
寛永５年	1628	庄内	鶴ヶ岡城下	1	
寛永５年	1628	津軽	弘前城下	5	
寛永５年12月18日	1629.1.12	米沢	米沢城下・北山原刑場	29	

寛永５年12月18日	1629.1.12	米沢	米沢城下・北山原刑場	16	糟山：７人　新藤谷：７人 花沢：２人
寛永５年12月19日	1629.1.13	米沢	米沢城下・北山原刑場	1	
寛永５年12月22日	1629.1.16	米沢	米沢城下・北山原刑場	3	宮内村：１人　池黒村：１人 二色根村：１人
寛永５年12月23日	1629.1.17	米沢	米沢城下・北山原刑場	1	
寛永５年12月23日	1629.1.17	米沢	米沢糟山刑場	6	
寛永５年12月27日	1629.1.21	米沢	北条郷刑場（現南陽市）	5	
寛永６年３月17日	1629.5.9	庄内	鶴ヶ岡城下	9	
寛永６年８月11日	1629.9.27	庄内	酒田	10	
寛永６年８月11日	1629.9.27	庄内	鶴ヶ岡城下	5	
寛永６年９月10日	1629.10.26	白岩	最上領白岩（寒河江）	7	
寛永６年10月ごろ	1630	山形	山形城下銅町	1	
寛永６年11月27日	1630.1.10	山形	山形城下銅町	3	
寛永７年６月22日	1630.7.31	山形	山形城下銅町	35	
寛永７年６月22日	1630.7.31	米沢	米沢城下・北山原刑場	1	

寛永８年12月10日	1632.1.31	白河	城下街道筋牛馬死体捨て場（吊し場）	13	
寛永８年12月18日	1632.2.8	会津	会津城下黒川河原刑場	42	
寛永８年12月18日	1632.2.8	二本松	阿武隈川畔伴中河原	14	
寛永８年12月22日	1632.2.12	会津	会津城下黒川河原刑場	9	
寛永12年12月16日	1636.1.23	南部		1	
寛永12年12月16日	1636.1.23	南部	遠野城下	2	
寛永12年12月16日	1636.1.23	米沢	米沢城下・北山原刑場	16	
寛永12年12月17日	1636.1.24	会津	会津城下薬師堂河原刑場	5	
寛永12年12月28日	1636.2.4	会津	会津城下薬師堂河原刑場	1	
寛永13年	1636	新庄	飛地上谷地	10	
寛永13年４月１日	1636.5.5	米沢	米沢城下・北山原刑場	3	
寛永12年～13年	1636 ～ 1637	南部	盛岡	12	不明者９
寛永12年～13年	1636 ～ 1637	南部	知和（紫波）郡郡山	10	不明者５
寛永12年～13年	1636 ～ 1637	南部	遠野	3	不明者２
寛永12年～13年	1636 ～ 1637	南部	花巻	74	不明者24

寛永14年７月12日	1637.8.31	仙台	仙台城下琵琶口刑場（仙台大橋下）	2	支倉常頼召使い三右衛門とその妻
寛永15年	1638	津軽	弘前城下	73	
寛永16年	1639	松前	大沢（現松前町）	50	
寛永16年	1639	松前	比石（現上ノ国町）	6	
寛永16年	1639	松前	千軒岳	50	
寛永16年	1639	仙台	磐井郡大籠村・地蔵の辻	84	
寛永16年４月	1639	米沢	米沢城下・北山原刑場	2	
寛永16年５月22日	1639.6.23	仙台	栗原郡馬合村	2	
寛永16年５月24日	1639.6.23	南部		1	
寛永17年３月１日	1640.4.9	仙台	仙台城下琵琶口刑場（仙台大橋下）	6	支倉常頼他
寛永17年３月５日	1640.4.9	仙台	仙台城下琵琶口刑場（仙台大橋下）	43	
寛永17年４月	1640.4	仙台	仙台城下琵琶口刑場（仙台大橋下）	19	
寛永17年４月	1640.4	仙台	胆沢郡	11	

寛永17年４月	1640.4	仙台	胆沢郡都鳥村	7	
寛永17年	1640	仙台	磐井郡大籠村・上野ノ辻	94	
寛永17年	1640	仙台	磐井郡大籠村・祭畑	23	
寛永17年	1640	仙台	磐井郡大籠村・トキゾー沢	13	
寛永17年	1640	津軽	弘前城下	1	
寛永20年	1643	津軽	弘前城下	1	伊勢国五左衛門
寛永20年７月18日	1643.9.1	白河	城下街道筋牛馬死体捨て場（吊し場）	3	
寛永20年８月16日	1643.9.28	仙台	胆沢郡金沢村	3	
寛永20年８月16日	1643.9.28	仙台	胆沢郡・上野平	6	
寛永20年10月28日	1643.12.9	仙台	磐井郡中里村	1	
寛永20年10月28日	1643.12.9	仙台	磐井郡山目村	1	
寛永20年10月28日	1643.12.9	仙台	磐井郡小島村	1	
寛永20年10月28日	1643.12.9	仙台	磐井郡下黒沢村	2	
寛永20年10月28日	1643.12.9	仙台	磐井郡若柳村	2	牢死１人は処刑者に不算定
寛永21年	1644	仙台	胆沢郡塩釜村	5	

寛永21年	1644	仙台	胆沢郡人首村	5	
正保元年11月24日	1645.12.23	米沢	米沢城下・北山原刑場	1	
正保４年４月12日	1647.5.16	会津	会津城下薬師堂河原刑場	5	
慶安２年４月12日	1649.5.23	米沢	米沢城下・北山原刑場	1	
慶安３年３月20日	1650.4.20	南部		1	
承応２年12月２日	1654.1.20	米沢	米沢極楽寺刑場	3	

第4章　奥羽越列藩同盟主導者但木土佐と坂英力の死をどう捉えるのか。

但木土佐を知って40数年が経ったが、但木土佐と一緒に処刑された坂英力を取上げないことが以前より気になっていた。おそらく、宮城県人でも幕末のこの二人については知らない人が多いと思われるが、幕末の筆頭奉行（家老）の但木土佐は、東北を一つにまとめ、奥羽越列藩同盟を組織し、正義を貫くために最後まで新政府への抵抗を試みた人物である。その土佐の事績は、彼一人でなされたものではなく、土佐を支持する優れた者たちがいた。

特に坂は、軍事総督として軍事作戦、戦術に秀でて、土佐解任後も軍事で活躍し、土佐に替わり仙台藩筆頭奉行をつとめた。彼ら二人は、土佐が政務全般、坂が軍事全般を受け持つ両輪として幕末の仙台藩を主導してきた。

土佐と坂の関係があまり語られないで、片一方のみが語られてきたところ、坂英力の子琢治氏、英力孫英毅氏の執筆と英力ひ孫正毅氏三代にわたり継承された門外不出とされていた『奥羽戊辰事変ノ眞相ヲ闡明《せんめい》セル坂英力傳』（以下『坂英力傳』）が正毅氏より令和元年11月に仙台市歴史博物館に寄贈され、日の目を見ることになった。

『坂英力傳』が日の目を見る一年前の平成30年に戊辰戦争150年のかまびすしい記念行事が東西問わず行なわれていたが、但木土佐の周忌供養を100年に引き続き、150年を行なった。それを主宰した大和町吉岡の土佐家家臣末裔の「土佐会」はごく当たり前のように、自然に、淡々と土佐を偲んだのだ。それは、土佐の無念を毎年供養し、脈々と受け継いでいるからである。

ここでは、『坂英力傳』を踏まえながら、但木土佐と坂英力がなぜ死ななければならなかったのかを問いたい。それは、坂英力と但木土佐両者の死を顧みることであり、現代人へのメッセージを解き明かすことにつながる機会と捉えたい。その際、『坂英力傳』の年日時は漢数字とする。

「答辯（弁）書」（一部漢文およびカタカナを現代文意訳表記する。括弧は筆者記す）

この「答辯（弁）書」は、但木、坂の処刑時、坂から坂家家臣岩淵千代治に与えられたもので、『坂英力傳』では、「英力嗣《あとつぎ》の琢治、九歳にして父と死別し、医家の書生となり苦学力業明治十七年陸軍々医となり、初めて旧領地黄海《きのみ》に至るや、千代治即ちこの書を出し、涙を流して曰く、今日まで先君に代わり之を保存せり、戊辰の役の真相熟とご覧ありたしとて琢治に渡したり　千代治の忠貞また感ずべきなり」と、この「答辯（弁）書」のいきさつが語られている。

この「答辯（弁）書」は、『仙台戊辰史』（藤原相之助）における「戊辰始末陳述書」の控え・副と思われる。藤原氏の妙訳は、戊辰の役の背景に知悉しているがゆえに、解釈が前に出ていて、丁寧ではあるが、坂英力の思いが陰に隠れている気がする。『坂英力傳』にあるそぎ落としたような書き下し文に沿った意訳に徹し、坂の思いに迫りたい。

「昨年中奥羽の諸藩が官軍に抗った事件につき、御糺問（尋問）の所、至大（大変大切）のことはこの通りであり、言葉使いの違い等が出た場合甚だ不都合の事なので、委細書面をもって申し上げようとお達しを受け、左のごとく申し上げます。

徳川慶喜をはじめ会津容保等の追討を仰せ出でされたおり、仙台藩主伊達慶邦は、会津を一手に襲撃仕るよう朝命を蒙（受）けましたが、おそれながら王政御一新の場合において戦いになれば、今後の騒擾いかがになるだろうかと憂慮の余り、拙い思いで一応建白奉りしたところ採用されませんでした。そのころ、九條殿は、奥羽鎮撫として去年三月中旬仙台藩領に下向し、穏便の処置がなされると

但木土佐像
（保福寺所蔵）

坂英力像
（仙台市博物館所蔵）

愚昧の領民までもが有り難くしていたところ、着船早々会津追討の先鋒を仰せつけ速やかに追討するよう厳重に申しつけました。そこにいた仙台藩一統は、驚愕し、人心紛擾、意外であったため動揺しました。

平素より王命を奉り、遵っていたことはもちろんのこと、同月下旬より討手の勢いを繰り出し四月十一日に藩主は、出陣し、翌十二日九條殿はじめ転陣より先に会津国境口々へ詰めましたが、同月廿日ころより戦争の手負い、討ち死が出てきました。米澤藩も仙台藩と同じように先鋒を申し付けられていて、会津の家老が米澤藩へ赦罪嘆願を申し出ました。

米澤重臣並に私共が立ち会いその趣を受けたまわったところ、真に謝罪降伏の他に別意なく容保儀は城外に謹慎し、いかようの厳科をうけようとも違背せず、元より謝罪嘆願の上莫大な御憐憫をお願いしたいとのことでした。伏見一挙（鳥羽伏見の戦い）の謀臣の首を差し出し、削封についても許容します。開城の件は領内に過激な徒がいるので御許しください。この件については予想が尽きがたいがため、何卒御憐察くださり、寛大な処置をくださるよう嘆願しました。

この状況にやむを得ないことで、あえて不当の暴願とも思えないので支援することにしました。近隣の諸侯も数多くが広く評議を尽くし、吟味をもって、右諸侯の重臣を招き、会津謝罪の趣旨を衆議することを申したところ、何れも願書取り受けについて諸藩よりからも添え願い申し上げげのことがありました。米澤藩主は仙台藩まで度々来られ、仙台藩主一同九條御本陣に参上請願申し上げ、諸藩重臣共に連名をもって願書を差し上げました。

一応は嘆願を受け取りにはなりましたが、嘆願の許容にはならず、速やかに追討せよと厳命が下りました。いずれも当惑しこの上はたって御願いすべき術も尽きて心沈んでいました。

これより以前の徳川家追討のみぎり奥羽の諸藩に応援を命じた時、庄内家においては累代の主家（徳川家）へ討手を差し向けることは嘆かわしく、天命に背いてしまった。仁恤（慈悲）ある沙汰をもって追討の儀は御赦免いただくよう去年春京師へ嘆願差し上げたところ、そのころ、有栖川宮様が東海道中途まで御進達した場で、願書差し上げ、林九十郎と申す者が取り次ぎ、累代の主家に敵対することはできないという嘆願は情としてその通りであるが、その罪は許し難いことである。

一応このことについては罪を許し難いので追討されているのであるから、今さら取り上げ、吟味することはない。並に天朝に奉戴することが、なんぞ別に宸襟（天子の心）を安らかにするような懸命の勤めがあるならばお許しくださるかもしれない。もっともこのたび奥羽鎮撫使として仙台領にある九條殿に委細申しあげたところ、篤く精勤するよう申された。

九條殿に取り次ぎ依頼前に下参謀へ窺いしたところ京師で、庄内家の追討は決定ずみで、取り上げることはできない。早々に庄内藩を追討するよう厳命した。私共は意外のことで是非がないことで、庄内藩にこの旨をよく申し伝え戻しました。

そのころ、羽州天童藩の吉田大八は庄内藩が旧幕府領の羽州寒河江柴橋辺りの地所を横領したと訴えたので、仙台藩は討手を差し出し、九條殿警護の兵とともに繰り出したが、略奪のことはなく、空しく引き戻した。

大八が一旦虚事を申し立てたが、鎮撫使側はその後大八の建言を聞き、ついに四月下旬ころに庄内藩追討が下命され、久保田藩が先鋒し、南部、津軽はじめ羽州の諸侯も応援することになった。その時に久保田藩が仙台藩に来て面会の際、庄内追討の罪状はいかなるものかと窺い書を提出したところ、徳川慶喜伏見一挙以来、東下後に庄内藩は兵を起こしており、また去年十二月中薩摩邸を焼き払いの挙動ゆえに追討が下命されたという確かな話がきた。

私共もはじめて罪状を聞き驚嘆しておりました。澤殿は下参謀大山格之助をはじめとして薩長筑三藩の兵隊を召し連れ、仙台城下より羽州へ出陣し、庄内へ討ち入りの予定でありましたが、勝利なく、天童が落城し、新庄へ転陣し、至急仙台藩に援兵を催促してきました。

そのような時、会津謝罪のことで諸藩の重臣が集まった際には、自然に庄内藩追討の談議がおこり、会津、庄内の処置は御三卿の本意と思われない。その実は専ら奸徒の私怨より生じ、追討が下命されている。御一新創業の場合かえって汚濁となっている。聖徳でないことに深く憂い苦しみ、このうえはなお改めて太政官へ窺いをたて、朝命に奉じることの他にないことを衆議で決着しました。

米澤並びに仙台藩の家来は上京することにし、九條殿へもことの次第を告げ、会津討伐の軍を引揚げ、庄内藩追討の援兵は控えると藩々より届けることにした。閏四月下旬仙台藩主は帰城した。九條殿、醍醐殿ともに仙台藩城下へ帰陣した。なお、九條殿から、諸太夫塩小路刑部権小輔を上京する米澤・仙台の家臣に添え、上京し、奥羽の状況の委細を仰上させるとした。

ご沙汰次第と別に鎮撫なさなければならいことのため上京の手配をしているところへ、肥前並びに小倉二藩が庄内藩追討の応援のため仙台藩領内に着船し、仙台藩城下へ上陸した。私共の応援に際し、庄内家追討は何の罪科かと肥前藩の下参謀前山精一郎に問えば、庄内藩は羽州の地にて徳川家旧領を横領し、天童を討落し、強暴であるので、官軍は危急に応援を仰せ付けた。

九條殿より聞いている罪名とは異なると申したところ、精一郎は当惑し、羽州への出兵を控えることにした。

その後、御両卿様（九條殿、醍醐殿）の御前へ諸太夫はじめ肥前藩の下参謀並びに藩の隊長その他私共まで一同呼び出され、奥羽の形勢にいかように鎮護するのかについては、帰京して英断を仰ぐことである。そして、会津は最初の廉《かど》へ立ち戻り、謝罪、嘆願申し上げ周旋をすることにした。

もし、このようにならないとすれば、ひとまず御三卿様は帰京し、この奥羽の国の事情の委細を奏上し、鎮護なされるか、いずれがしかるべきかについて私共へ評議せよとのことでしたが、会津が一応謝罪、降伏を願っているので、おとりあげ吟味していただきますれば、鎮静することになりますと答えました。

しかし、今すでに北越奥羽両道に官兵が差し迫り、戦争が間近になっているのに鎮撫のみ仰せ出されても行動に示していません。このような事になりましたならば、第一に両道の官兵を指しとどめいただけなければ奥羽諸藩はおそらく恭服しないと思います。

そうであれば、官兵は元より九條殿の軍勢ではなく、命令に服し、指揮に従う筋合いではない。それでは是非に及ばないので、京に戻り再度審議なさるようにと申し上げた。

この折、九條殿はじめもこの場で決議する他ないとした。私共は仙台藩主へもお伺いを立て、かつ、仙台城下に滞陣し、鎮護がなされる度に出陣を願いする奥羽諸藩の重臣のためにも広く告げるため退出した。九條殿は上京が至急のため五月十八日仙台を出発し、南部領より秋田へ転陣した。

澤殿は、船で上京し、二国（会津、庄内）の実情を伝え、反逆の汚名をこうむることのないよう奥羽列藩の重臣衆議により米澤藩並びに仙台藩の家来が願書を持参し、五月下旬に出港、品川沖で停泊した。

あいにく、上野で彰義隊の打ち払い後で奥羽の諸藩は厳しい探索の中の上京で、滞船も厳しく、上陸する願いも米澤、仙台より各一人ということになり、その他の者は帰国せざるを得なかった。残った者は願書を奉願したことを承知している。

このように、帰国したころはすでに接戦が諸道におこり、多難の日々が迫り、御陣門に向かい、嘆願申し上げれば兵の士気、各藩の謀臣からの異論もあり、私共の思い通りにならないで時間が経ち、長引いておりましたところ、遂に、官軍へ抗う姿となりました。このことは、私共の本心に立ち返って見ますと、切歯扼腕しながら恐れおののいて居ります。

一　下参謀世良修蔵切害（殺害）の一件

世良殺害には、そのころ、会津討手差し向けた兵隊とともに脱藩の者共も加わっていた。このみぎり、仙台藩に参った修蔵は白川（白河）城へ出張し、一人で白川より福島へやってきた。福島藩中の者に大山格之助への書状一封を相渡したが、仙台藩の手に入れば容易ならない大事になるので、何分密やかに差し出すように申したことに福島藩の者は甚だ怪しみ大いに驚き、まさに国家の大災害を醸し出すのかと思いながらも、その場に居合わせた仙台藩の隊長へ申し聞かせた。しかし、そのまま捨て難く、右書面を開封した。その内容は次のとおり。

この度米澤、仙台二藩にて会津謝罪の周旋を専らにしているところ、もし、強いて取り請けなければ、会津と合体して、かえって会津へまとまって攻めるのが難しいと思われる。おおむね、奥羽は既に敵になっているので、今しばらく会津の嘆願書受け取り、なお、太政官を窺うべきである。かつ、仙台藩までの防御は追々敵となるので破却する。表に鎮静の姿を示し、米澤、仙台の藩主の謝罪、周旋の呼び出しの時には上京させ、その際に陸海より大軍で御征伐するしかない。万一、この時を逸した場合、大害を起こす。よって、右の計策を施し、単身至急に京に上る。

甚だ驚き憤慨し、明くる朝早々発足の手配をした。国家の危難にあたり、今、この機会を失えば、今後臍《ほぞ》を噛む憂き目にあう。もっともこのような奸吏（世良）一日もゆるしておけば、災害はなおさら計り知れない。君命を待つ場合ではないと一途に決心し、密やかに隊中の者に命じ、遂に、その夜に修蔵を殺害した。

それより、大隊長瀬上主膳方へそのことを申しだし、主膳は早速白石に出向き、委細報告した。私共は初めて聞くことで有り、驚き、当惑し、何で陰謀に及んだのかと。実に密書は意外の企てであったが、天朝の官人を私に殺害したことに、至極恐れ入るもので、殺害者たちを厳しく仕置きするべきところ、そのころ、白川城へ何方の軍勢が不意に襲来し、官兵を追い払うという注進があり、監視していた主膳を白石から白川へ出張させた。

私共には面会もせず、差し留め吟味することも難しく、暫時過ぎているうち、五月朔日の戦争で多くが戦死し、この一件の首謀者並びに加勢者は戦死した。また、脱藩した者もあり、早々のすべての解決が難しいので、九條殿に届け、それぞれ探索しておりましたが、接戦が続き、内外騒然として捜索ができなくなりました。

自然、調査もできず、今もって委細わからずにいます。たとえこの子細あるとしてもいかようにとり詰め、始末するにしても、もう打ち過ぎて、私共は折り入ることができません。
右両條の糺問おそれながら、腹蔵なく言上しました。元来事件の源は全く東奥僻地の衆心之頑迷より団結の習風を押しとどめようがない勢いのためであります。（注　奥羽の正義の追求を指す）
必ずしも仙台藩主慶邦父子の思惑より湧き出したものではありません。幾重にも御明察をもって御寛典下さるようあえて万死の罪を顧見ずにひたむきに哀願するものであります。

明治二年四月　伊達亀三郎家来

坂　英力　花押

同　但木　土佐　花押」

この「答辯（弁）書」は、新政府からの二つの尋問に対する回答であったと思われる。一つ目のなぜ官軍に抗ったかの尋問を、会津、庄内藩謝罪と宥免の嘆願を東北諸藩の団結した列藩同盟結成にいたる経緯をもって前半部分に答える。二つ目の尋問である世良修蔵殺害の背景と事後処理を後半部分に答えている。

この回答にある背景を知るために、この「答辯（弁）書」と『仙台戊辰史』に書かれてある内容を時系列にまとめてみた。但し、慶応4年6月24日以降の記載は、坂英力、但木土佐の「答辯（弁）書」を書く時期に至るまでを理解する補助とした。

慶応3年（1867）12月10月の大政奉還を受けて、但木土佐上洛し、外様大藩11藩公論・衆議による解決を望む建白書提出

慶応4年（1868）3月18日　奥羽鎮撫軍仙台到着　九條道隆奥羽鎮撫府総督、下参謀世良修蔵（長州）、大山格之助（薩摩）

会津征討、庄内征討を命ずる

4月11日　伊達慶邦会津征伐に出陣　仙台藩会津国境へ出陣

会津藩謝罪嘆願

閏4月11日「白石列侯会議」（奥羽27藩）会津藩の嘆願を周旋決定

閏4月17日　庄内藩の家老連印の嘆願書持参し、仙台藩に周旋依頼あり

但木、坂、総督府へ言上

閏4月19日　仙台・米澤両藩会津征伐の解兵を九條総督に通告

閏4月20日　世良修蔵殺害

閏4月21日　九條総督を仙台に戻し、軟禁状態

閏4月22日「白石列藩同盟」（奥羽25藩）攻守同盟の盟約

5月3日「奥羽列藩同盟」盟約書決議

5月6日「奥羽越列藩同盟」（31藩、北越藩6藩加盟）

5月18日　九條総督秋田に向かう。7月1日秋田入り、奥羽戦争の継続、鎮撫府拠点となる

5月25日　奥羽列藩同盟「嘆願書」を太政官奉呈に江戸に向かう
6月1日　上野戦争の大混乱で、坂英力同盟の作戦指揮のため帰仙
6月24日〜29日　棚倉、泉、湯長谷各城落城
7月15日　坂、総司令官として、白河城奪還失敗
7月25日　但木土佐罷免
7月29日　二本松城落城
8月7日〜27日　駒ヶ嶺、旗巻峠、筆甫各戦争

明治元年（1868）9月15日　仙台藩降伏
9月18日　坂英力辞職、謹慎
10月12日　輪王寺宮東京へ護送
10月16日　但木土佐、坂英力、世良殺害の瀬上主膳、田辺賢吉、赤坂幸太夫、東京護送
10月21日　伊達慶邦父子東京へ護送
12月9日　仙台藩28万石減封

明治2年
4月9日〜14日　第一次仙台騒擾（7人切腹、1人逼塞）
4月　坂英力伝馬町獄中から「戊辰始末陳述書」（「答辯書」）但木土佐連名で提出
5月18日　箱館戦争榎本軍降伏、戊辰戦争終結

5月19日　但木土佐、坂英力処刑（稲葉邸より麻布仙台屋敷に移される。但木土佐家家老山野川廣人、但木良次、坂家家老岩淵千代治決別を許可される。高輪東禅寺に埋葬するも藩が撤去。22年大赦で墓を建立）

6月29日　第二次仙台騒擾（57人家跡没収等）

時系列で見ると、「答辯（弁）書」にある会津と庄内両藩宥免の嘆願周旋過程がよく見えてくる。但し、後半部分の世良修蔵殺害は、そのような周旋の間に起きていることから、殺害は計画的なものではなく、偶発であったことがわかる。但木、坂にとっては嘆願の周旋をしている最中であり、最後の詰めであった。そして、世良の殺害の負い目によって、人質にもできたであろう九條総督を奥羽の事情説明のための名目で上洛させるため秋田に移したことにつながる大きな誤算を生み出した。すべてをご破算にするできごとにしか思えない。

このことは、世良修蔵殺害のところで再度触れるとして、第一の尋問であろう、会津・庄内宥免の嘆願周旋した背景と理由を見ていきたい。

伊達慶邦の建白が物語るように何度も建白が行なわれている。大政奉還以前にも仙台藩は、長州征伐に対する幕府の対応に意見する建白という形でご意見番的な姿勢を示している。そのことによって、長州征伐時には江戸を守るという名目で江戸詰めを任されている。幕府にとっては、仙台藩は目の上のたんこぶになっていたようだ。それが、新政府になっても大政奉還時の建白をはじめ、会津・

庄内両藩宥免の嘆願建白も、またはじまったかという軽く見られていたきらいがある。仙台藩は、その気配を吹き飛ばすために、綿密に目くばりし、東北諸藩との団結をもって対抗しようとした。

仙台藩は、何度も建白している弱腰で、戦いも弱兵であるとした流言飛語にさらされている。その背景には、陸奥守という政宗からの名門を受け継ぎ、おっとりとした慶邦の無能さをあざけることがそのような噂となっていたのだろう。それは、仙台藩内の一門からも出てくる批判でもあった。初代藩主の政宗公ならば、こんな体たらくはないのだと、これも仙台藩における政宗の呪縛に絡めとられていたのではないだろうか。現実的な対応ではなく、正義を貫くという政宗の呪縛である。

しかし、そのことはこの「答辯（弁）書」の最後の段にある原文「東奥僻地衆心之頑陋ヨリ団結ノ習風自然難押止メ勢ニ立至リ」（東奥僻地の衆心之頑迷より団結の習風を押しとどめようがない勢いのためである）とへりくだっているが、奥羽の人たちが正義を追求するのがいかに強いのかを団結で示したとしている。

それが組織替えしながら「奥羽越列藩同盟」に結実していくのであるが、仙台藩における政宗の呪縛が深層心理に組み込まれて、それが団結へと結実していることに新政府側はその考えの背景を知ることまで行きついていないのである。

結局、新政府側はこのことに気づき、思慮することがなかったことを、『坂英力傳』では「坂英力ハ答辯書ニ於テ戊辰奥羽役ノ原因一ハ奥羽人ノ気質ニヨル述ベシガコノ気質即チ奥羽ノ士風ニ就テ西軍参謀ノ認識不足ガ寧ロ重大ナル戦争ノ原因ト云フベシ」と述べている。

奥羽の人たちの正義を追求する気質と団結する気風を西軍参謀は理解・認識していないことが戦争

の原因であったと坂英力は断定しているのである。

その正義を追求する士風は、会津藩・庄内藩の討伐理由を明らかにする姿勢にも現れている。会津藩追討は、幕府徳川慶喜とセットで、鳥羽伏見の戦いが罪になっている。それに対して会津藩は、謝罪（降伏という言辞は使っていないが）、藩主容保の謹慎、鳥羽伏見の戦いの首謀者の首の差し出し、減封にも応じるという屈辱を忍んでの嘆願であった。

庄内藩の罪は、総督府九條総督によれば、幕府追討時、奥羽諸藩が応援する中で「庄内家ニオイテハ累代之主家江討手差向候段何トモ嘆敷ク」（庄内家は累代の幕府に刃向かうことはしない）という理由で応援しなかったことであったが、さらに、庄内藩が薩摩屋敷を焼き討ちしたことに変わり、それが、庄内藩追討の応援にきた肥前藩の下参謀前山精一郎によると「庄内藩羽州地ニテ徳川家之旧領ヲ横領致シ且無故同国之天童ヲ討落シ弥増強暴」（庄内藩の幕府旧領の横領と理由もなく天童を滅ぼし、ますます強暴になってきている）と二転三転する追討理由に変わっていた。

いい加減な追討理由に呆れかえるが、それを受けた仙台藩・米澤藩は鎮撫総督府に両藩主はじめ東北諸藩の重臣たちは連名で嘆願受け入れを言上し、太政官への代表者へも建白書を届けることにした。しかし、総督府は、決まった事だから仕方なしで突っぱねていった。

総督府の参謀たちは、『坂英力傳』で前述したように奥羽の正義を追求する士風を軽く見ていた。これは、総督府だけではなく、新政府全体にはびこっていた薩長の慢心さから出ていたことであり、『坂英力傳』にあるように「専奸徒之私怨ヨリ相生ジ強テ御追討罷成候事ト外不被奉存然ラハ御一新御創業之場合却而奉穢聖徳候」（専ら奸徒の私怨で追討するのであれば御一新の創業の場合、聖徳の穢れとなる）と言い切るほど薩長政府への不信、不誠実を糾弾し、奥羽の士風の強さを見せつける激烈な表現と仙台藩における政宗初代藩主に顔向けできないことはしないという仙台藩士の気風に思える。

後半の世良修蔵殺害の件について、改めて詳しく見ていきたい。世良の殺害は、但木、坂の知らないところで偶発的に起き、嘆願周旋へのくさびになっていることがわかる。

世良の密書は、仙台藩、米澤藩をも敵とするという侮辱的な表現を使い、東北諸藩も同じであるから一気にたたき潰すという本音が書かれてある。これを読んだ仙台藩士たちは、普段からして世良をよく思っていなかったから、ますます激怒した。世良を生かしておいたならば大いなる禍根を残すとまで、冷静さを欠いた行動となった。

但木、坂にとっては、天朝の官吏を殺した不敬に何をしてくれたのだという思いが強かった。しかし、仙台藩士たちの思いも汲まなければ士気にも障りが出てくるので、のらりくらりの対応をすることになり、嘆願周旋を見直すことになった。

世良暗殺により強い逆風が予想されたことから、但木、坂等は、東北諸藩のまとめに躍起になった。『坂英力傳』に何度も出てくる「衆議」によって団結を図ることであった。その団結をもってしても、戦争は避けることはできなかった。そして、逆にその団結が新政府にとっては反逆と捉え、嘆願どころか、それを超えた戦争に突き進ませた。戦争を避けるために世良を殺害したことが、世良の死によって、世良が果たそうとする戦争が実現するということは歴史の皮肉としかいいようがない。

この「答辯（弁）書」の意義について、『坂英力傳』では奥羽越列藩同盟の藩の中で坂、但木だけが唯一同盟の真意を政府に陳述したことであると述べている。そして、この「答辯（弁）書」を書き上げた真意は「東軍七千ノ忠死者ノタメニ奥羽同盟ハ決シテ朝敵ニアラザル理由ヲ明ニシ後世史家ノ批判ヲ待ツ考エナリシナラン即チ東軍ノ心事ハ御一新御創業之場合聖徳ヲ穢シ奉リ王政維新ノ完成ヲ害スルモノアルヲ憂ヘタル尊王憂国ノ至誠ニ出デタル」としている。

奥羽列藩同盟は、朝敵ではない、御一新創業の聖徳を汚し、王政維新の完成を害することに対して憂い、尊王憂国の至誠から出たものである。「後世史家ノ批判ヲ待ツ」という坂は、今は闇であるが、後世に奥羽越同盟の真意が明らかになるだろうと死に赴いたことになる。

但木土佐、坂英力の処刑

四月の坂・但木の「答辯（弁）書」に対し、政府は沈黙し、返答を全くしなかった。返ってきたのは五月十三日の処刑の宣告であった。仙台藩の重臣を呼び出し軍務官から「旧臘《きゅうろう》（昨年の十二月）依御沙汰取調差出候判逆首謀但木土佐坂英力刎首《ふんしゅ》（斬首）被仰付候條於其藩処置致シ可及言上事」（昨年の十二月の取り調べにおいて謀反の首謀者但木土佐、坂英力を刎首する。その処置は仙台藩に任せる）。会津他にも首謀者処刑の命があったが、処刑期日を明確にしないで各藩で期日を定め、刑を執行せよということであった。取り調べ申し立ての理由の如何に拘わらず、取り調べ前の明治元年の十二月七日に判決が下されていたのである。

処刑宣告の仙台藩における対応については後述するとして、他藩の首謀者の処刑について『坂英力傳』及び『歴史巡礼』（尾木公）より見ておきたい。生存処刑者数順に記載。

一　仙台藩　二人　奉行（家老）、但木土佐・坂英力　明治二年五月十九日麻布藩邸にて処刑
二　村松藩　二人　軍事役堀右衛門三郎、軍事役斎藤久七　明治二年五月二十五日村松にて処刑
三　会津藩　三人　家老萱野権兵衛　明治二年五月十八日東京保科邸にて処刑
（戦死二人）家老、田中土佐・神保内蔵助　戊辰八月二十三日若松城下の戦いで戦死
四　山形藩　一人　家老水野三郎右衛門　明治二年五月二十日山形長源寺にて処刑
五　盛岡藩　一人　家老楢山佐渡　明治二年六月二十二日盛岡報恩寺にて処刑
六　村上藩　一人　鳥居三十郎　明治二年六月二十五日村上安泰寺にて処刑
七　長岡藩（戦死二人）家老、河井継之助・山本帯刀　戊辰九月若松付近の戦いで戦死
八　二本松藩（戦死二人）家老丹羽一學、用人丹羽新十郎　戊辰七月二十九日二本松城落城で戦死
九　棚倉藩（戦死一人）家老阿部内膳　戊辰五月一日白河城下の戦いで戦死
十　庄内藩（戦死一人）中老石原倉右衛門　戊辰七月二十五日越後松ヶ崎の戦いで戦死
十一　米澤藩（戦死一人）家老格色部長門　戊辰七月二十九日新潟の戦いで戦死

奥羽越列藩同盟と会津32藩中、11藩の首謀者を出す処分と減封などの処分が行なわれた。以上がそ

の11藩であるが、多くは戦死者をもって首謀者にあてたことがわかる。そして、仙台、会津以外のすべてが郷里での処刑になっている。また、二人の処刑のうち仙台藩だけが「奉行」（他藩の家老）である。郷里の処刑ではなく、二人の首脳部の処刑は仙台藩のみであった。

それほど、仙台藩での元勤王（鎖攘夷、恭順派）と呼ばれる派の台頭がこのような始末をしたのである。但木・坂の処刑の一カ月前には、その元勤王・恭順派が、但木・坂と共にした中立派和田織部、玉蟲《たまむし》左太夫ら7名を切腹・1人逼塞させる仙台藩疑獄事件（第一次仙台騒擾）が起きていた。その流れでの但木・坂への対応であった。

前述した処刑宣告の中で、「其藩於テ処置スベシ」とあり、仙台藩主で、逼塞状態の慶邦こと楽山は、但木土佐と坂英力を助ける方法を模索していたが、実質の力を削がれていたために何もできずにいた。また、重臣の石母田但馬も同様に助けることはもちろんであったが、せめて仙台に送り妻子との決別後に処刑しようと図った。しかし、元勤王・恭順派として実権を握っている宿老《しゅくろう》（奉行となる身分）の遠藤文七郎、後藤孫兵衛らは、但木・坂両人に人情を加えたならば反対派勢力が回復することを恐れ、即刻処刑すべきであると主張した。

但木は、幕末の佐幕・開国か鎖国・攘夷の対立にある仙台藩をまとめるにあたり、他国のように暗殺処刑で殲滅することはせず、謹慎処分の穏便策をとった。もちろん但木は何度も暗殺されそうになる。但木を暗殺しようとし、後の額兵隊隊長となる星恂太郎は、但木の大器に触れ、但木に心酔していく逸話が残っている。そのくらい、仙台藩では内乱が起きないよう厳罰ではなく、鷹揚に対応していた。敗戦後の仙台藩は、元勤王の恭順派が謹慎された恨みを晴らさんがために、そして、それを正当化するために、牢前切腹という囚人のごとく処刑する仙台騒擾という内紛を二度も起こし、藩主父子を犯罪者扱いの送りまでしている。政府におもねる独裁専制を敷いていた。

最終的には遠藤文七郎の議に決した。但木・坂両人の処刑は、明治二年五月十九日執行に決まった。この日は、箱館戦争の終結の次の日であり、但木の誕生日一日前であった。但木の宿命は、奥羽戊辰戦争の始まりから終わりまでを全うする生き方だったのかもしれない。

しかし、不可思議なことがある。武士であれば切腹が武士道としての死を意味するにもかかわらず、処刑宣告文では「刎首」である。犯罪人であるから、切腹を認めなかったのか。

『坂英力傳』によると、政府は武士の面目を立てる切腹を認めなかったことに対する後世の伯爵東久世通禧《みちとみ》氏を総裁とする史談会編纂『維新志士人名録』中に「但木土佐　坂英力　明治二年己己（己巳・きしの誤）五月十九日叛逆首謀ノ罪ニヨリ東京麻布藩邸ニテ切腹ス絶家ヲ命セラル」と記してある。さらに、なぜこのように切腹と記していたのか不明であるが、「刎首」は国士に対して不当の刑として武士道に反すると思って記していたのではないかと『維新志士人名録』筆者は述べている。この『維新志士人名録』は、明治二年時の処刑が武士、国士に対する死の処し方ではなかったことを示している事例になってしまった。「刎首」で仕方なかったという言い訳は通じない、尋常ではなかったことの証左になった。

当時の政府としては政府に刃向かったことへの謀叛の犯罪者を葬り去りたいと思った裏返しには、自分たちの不正義を感じていたからではなかったか。謀叛者が正義を追求し、公議をもって正攻法のやり方で対峙した奥羽越列藩同盟に対して、自分たちの不誠実と不正義で無理強いし、はじめから殲滅することを実現するための私怨の殺戮だったことをうすうす感じていた。

そのことは政府の政策が近代化、富国化を実現しようとするが、幕府時代よりも生活経済、思想文化的に貧弱であったことと藩閥政府が定着したことは、幕府から政府へ単なる政権が移っただけのことで政府というバケの皮がはがれていくのであった。そのようになるのに明治の45年間もかかった。戊辰戦争の意義やそこで亡くなった志士たちは浮かばれないのである。

『坂英力傳』と藤原相之助氏『仙台戊辰史』から土佐と坂の最期をみたい。

処刑の五月十九日、但木、坂両人は淀稲葉家より駕籠に乗り、前後を警護されて麻布伊達邸に至る。邸内には葭簀《よしず》張りの控え所を作り、敷物を敷き、控え所に続き刑場を作り、幔幕を廻していた。両人が控え所に入ると酒肴があった。刑場には検視役二人が控えていた。但木家家老山野川廣人、坂英力家老岩淵千代治両人は東京に密かに潜伏し、両主人のために金子や必需品を届けていた。処刑を聞き、物陰より決別が許され、但木、坂に辞世を求めた。両主人は、無紋の上下に着替え、酒を酌み交わし自若し、山野川、岩淵の乞われるままに辞世を書き上げ渡した。ここに但木良治（土佐の甥で後にハリストス正教に傾倒し、20年間近く黒川郡長を務め、土佐の意思を継承した）もいて、坂に遺言はないかと問えば、微笑みながら「今ニ於テ何ノ言フ所カアルベキ只母ニ先ダツヲ憾《うら》ミトスルノミ」と二歳で父と死別し、母子で生き抜いてきた母への人一倍強い思いをさらけ出しながら盃を傾けた。

夕刻、但木がまず起って坂を顧みて、「年寄ハオ先へ参ラウ」と笑って入り、次に坂も入る。検視役は政府からの命令を朗読し、かつて御小人並びに組頭品川久治、菅井左覺の両人が但木、坂の背後に廻り刎首す。但木の首は一刀にして半再刀尚落ちず。御小人目付大内喜八郎、大宮清之進が代わって短剣にて切り落とした。坂の首は一刀に落ちた。但木享年五十二、坂享年三十七。

但木土佐の辞世

「雲水の行衛《ゆくえ》はいづ古《こ》　武蔵野をただ吹く風にまかせたらなん」

（雲水の行方《ゆくえ》はどこであろうか、武蔵野を吹く風にまかせよう）

（意訳・雲水の後裔《ゆくえ》がどうなっているか、武蔵野の風にまかせて見守ろうか）

坂英力の辞世

「今よりは蝦夷か千島も豊かなる御國と成し　世々に榮へん」

この辞世の前に牢中で事前に作っていた「囚中述懐三首」によって、無念さから国の安寧を祈る辞世にいたる思いが述べられている。

「囚中述懐三首」

「浮雲を拂いかねたる秋風の　今は我身にしみぞ残れる」

（浮雲という薩長軍を払いそこねた　今の秋は残念な思いが身にしみてくる）

「國のためすつる命のかひあらば　身は横しまの罪に朽つとも」

（国のために命をすてる正義の戦いを反逆首謀の罪になって朽つとも意義あることだ）

「危を見棄ぬ道の今こゝにありて　踏行く身こそ安けれ」
(正義の戦いの道を踏み行くことが、国の安寧につづくのである)

但木土佐、坂英力の死後、亡骸は山野川廣人、岩淵千代治に渡され、仙台藩に関係の深い高輪東禅寺に並べて埋葬された。墓碑には姓名の記載をはばかり、但木は「七峯樵夫之墓」(但木の采地吉岡にある七ツ森の樵・きこりから七峯樵夫・しちほうしょうふ)、坂は「黄海漁夫之墓」(坂の采地黄海・きのみの海を掛けて黄海漁夫・きのみりょうふ)とした。

しかし、その墓碑は、遠藤文七郎等の怨嗟と薩長政府へのへつらいから藩命により撤去された。その墓碑は、雨露をしのぐ程度の寺の縁の下に無造作に置かれていたという。寺としては依頼主の命では仕方ないことであったろう。この二つの墓は行方知れずなのである。

明治二十二年の憲法発布の寛典から、大槻磐渓《ばんけい》等が主となり墓碑を建てた。大槻磐渓の書による碑面、「但木成行之墓」「坂時秀之墓」の姓名が刻され、平成9年、但木の墓碑が大和町吉田保福寺、坂の墓碑が仙台市堤町日浄寺に移るまで、東禅寺に眠ることになった。

旧仙台藩主慶邦・樂山公は、最も信頼していた両国老但木土佐、坂英力を救済するに至らず、十九日夜見事な最期を聞き、言語に尽くし難いほど悲嘆にくれた。『坂英力傳』によると「先君痛嘆自ラ禁ゼズ枕衾ノ温ナラザルコト数日ナリキト」のごとく「悲泣セシ上ニ左ノ如キ弔歌ヲ作リ自己ノ信頼ガ如何に深カリシカ示サレタリ」と降伏後の西軍の傲慢、過酷な態度や仙台藩内での土佐、坂処刑の一カ月前に起きた疑獄事件(第一次仙台騒擾・罪なき者を死刑その他の刑にした党派争い)を見て、但木、坂を惜しむ情が切なるものになっていた。

樂山公ノ弔歌

「國のため深くはかりしこの君に　千代のよはいを譲るとぞおもふ」

（国・藩のために尽くし非業の死を遂げた二人に　永劫の齢を譲りたいものだ）

樂山公は当時罪人として謹慎幽居中で、藩主亀三郎が四歳の幼少のため藩の実権を遠藤文七郎が握っていた。樂山公の東京に於ける謹慎生活は、粗末で、側近の話は涙なしでは聞けないほど大変だったといわれている。

樂山公は、但木、坂両人が刑死であろうと、藩として最大級の優遇をし、その死を感謝せんとしていたが、自由にそれを行なうことができないので、陰ながら但木、坂両人を厚く埋葬するために山野川廣人、岩淵千代治両人に金三十両を与えている。

樂山公の側近によれば、両人の死を受けて、公は食が進まず、夜は眠れず、落涙黙祷をし、但木、坂の位牌を作り、居室に仏壇

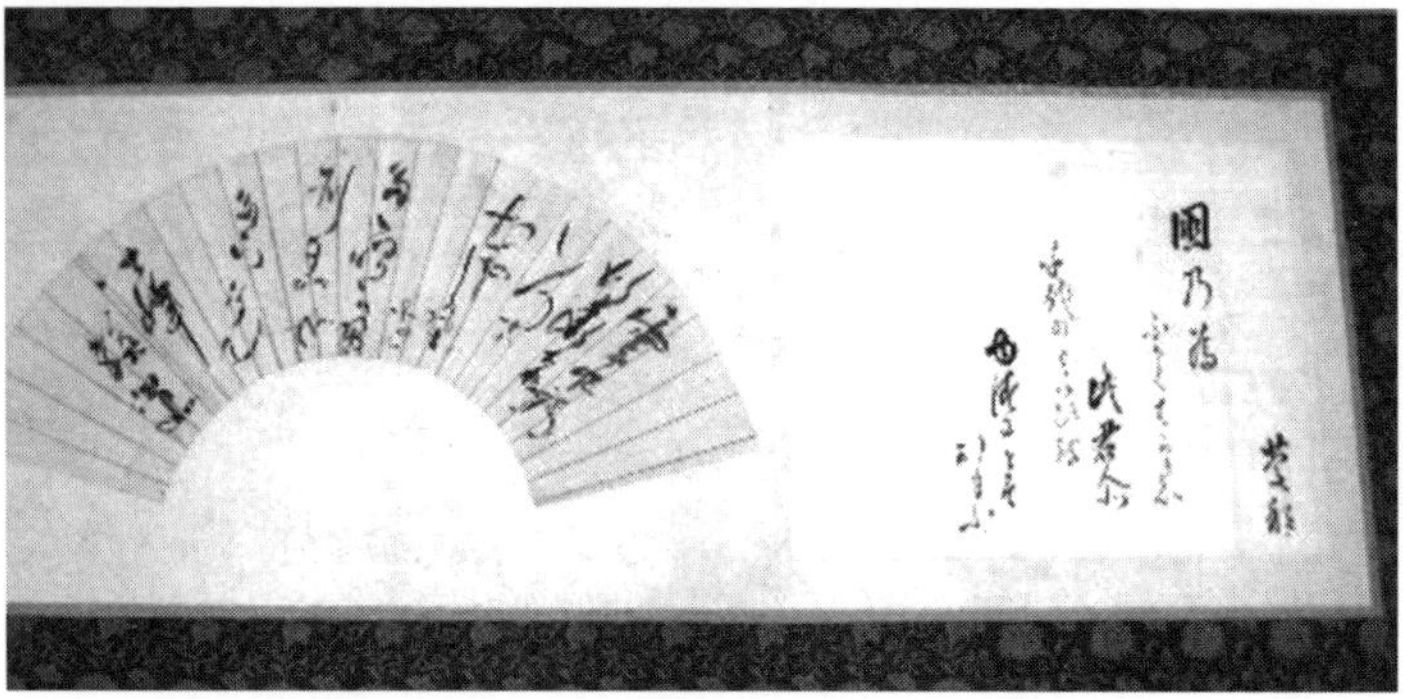

樂山公弔歌（右）　但木土佐辞世（左）（保福寺所蔵）

を設け四十九日忌日の間はもちろんのこと毎月の忌日毎には必ず両人を祀ることを怠ることはなかったという。

こうみると、欒山公の仁愛は、遠藤文七郎一派の墓碑を撤去する狭量と卑屈さを比較するに天地の差がある。欒山公は土佐、坂の処刑から五年後、明治七年七月十二日享年五十の薄命であった。終生世事を謝絶し、従五位の低位に甘んじ済民の英才を胸に蔵して、また世に出でずして昇天し、大年寺に眠っている。

但木家、坂家とも藩より、家跡没収、家財欠所となり、両家とも浮浪の身となる。坂家についての家族の移動、復権請願活動は、『坂英力傳』にまとまってあるが、但木家の家族については、おそらく但木良治がまとめてあったものが、末裔による処分か埋もれているのか判明しないでいる。しかし、山野川廣人による吉岡の城内の土地所有地図の存在によって、但木家家族と家臣の居住だけはわかっている。

明治三十一年戊辰の役三十年祭が、仙台第15代藩主に当たる伊達邦宗の主唱により、但木土佐、坂英力両人のため高輪東禅寺の墓前に於いて五月十九日行なわれた。邦宗は、国家のために尽くしたる功を頌《しよう》し、「伊達家コノ人ヨリテ立ツ」と書して両人の霊を供養した。そこに、但木良次が参列した。

大正七年五月十九日、再び邦宗は但木土佐、坂英力のために五十年祭を開催し、『坂英力傳』によると、邦宗は、弔辞の巻頭で「今ヤ春秋正ニ半百ヲ過ギ正邪順逆ノ跡漸ク明カナルニ随ヒ世ニ於テ早ク既ニ定論アリ皆其孤独忠ヲ愍《いた》ミ不幸ヲ弔セザルハナシ　今ヨリ更ニ半百ヲ経バ此無限ノ感想ヲシテ一掃スルヲ信セズンバアラズ」と述べている。

正邪順逆、言い換えると正しい薩長政府が正しくない反逆の列藩同盟を順わせたという説に但木、坂の孤軍した忠義に憐れみと不幸を弔う「無限ノ感想」によって、正邪順逆の説を一掃するというのだ。そのために邦宗は坂琢治の著書に期待と協力を惜しまなかった。

但木土佐と坂英力の死

但木土佐と坂英力は、「答辯（弁）書」の最後の行で、「主人慶邦父子之方寸ヨリ湧出仕候儀ニハ聊《いささか》モ無御座候間此段ハ幾重ニモ御明察ヲ以テ何分御寛典ニ被為處候様成下敢而不顧萬死之罪一向奉哀願候」と死を賭して藩主慶邦父子の寛典を哀願している。

二人は、死を賭して、主人父子の命だけはせめて守ろうとしている。正義を追求し、奥羽越列藩同盟を組織して、東北を一つにまとめた。それは藩主以外の二人の奉行が中心になって押し進めたものであり、皇国を護る皇心から湧き出たものであったと。その実現に奔走したことが犯罪という汚名を着せられ、その真相すら闇に葬るような理不尽な理由の処分でありながら、無念さを秘めながらも、最後まで、藩主の寛典を懸命に哀願している。

政府による宣告が「刎首」であり、仙台藩からの戦争責任者としての申告であったことから、両人は犯罪者扱いであった。殉死などの美談、武士道の極めを認めなかった。仙台藩と会津藩以外の藩は、帰国しての処分であったが、その藩の記録では切腹となっている例もある。それは、後世の人間が武士は切腹だろうとした常識、前述の東久世卿の政府の調査にも切腹と記載されていることからの誤りの記載なのかもしれないが、明治に入ったといえ、武士の世をも全否定する政府の常軌を逸したやり方への不満と疑念であった。

それらは、国士としての供養が全国から起こり、戊辰戦争の見直しが行なわれた。しかし、明治維新は薩長藩閥という旧態であり、殖産興業、富国強兵のスローガンのもと軍部の台頭と重税による人々の貧困を招いた。その困窮を海外の市場拡大という甘言で日清、日露の二度の戦争を明治時代に行なった。その余波と憲法発布から、戊辰戦争の恩赦を迎えるが、藩閥政府においては戊辰戦の見直しはならず、正邪順逆の薩長史観が定着するのであった。

そのことに対する、伊達邦宗は、大正七年五月十九日、但木、坂五十年祭における両者への憐愍と弔いという「無限ノ感想ヲ」をもって、薩長史観に抗い、そして一掃を企てる生涯を送ることになる。

但木土佐、坂英力の死は一体誰のために、誰を護るために命を捧げたのか。但木の辞世にあるように、「雲水」になって、家族、国を護り、国の「行衛《ゆくえ》」（行栄・後裔・国と末裔の未来の栄え）を見つめていくことであった。坂の辞世にも「蝦夷か千島も御國」になって栄えんと家族、国を護り、国の安寧を願っている。しかし、二人に共通するのは、その国の「行衛」を見ることができない切ない哀しみと無念さがしみじみと伝わってくる。

但木土佐と坂英力の死は、明治三十一年戊辰の役三十年慰霊祭で、伊達邦宗が述べた但木、坂が国家のために尽くし、「伊達家コノ人ヨリテ立ツ」に尽きる。

但木土佐、坂英力の死は、家族を見守り、国・藩を超えた国家に殉じたのである。

「但木成行之墓」（右端）（保福寺）

「坂時秀之墓」と顕彰碑（左）
（日浄寺）

「但木成行招魂碑」（保福寺）

第5章　但木土佐家臣山野川廣人は、なぜ、但木土佐処刑の4年後に殉死したのか。

明治2年5月19日、東京麻布仙台藩邸での但木土佐と坂英力両人の処刑に但木家家老山野川廣人と但木土佐甥の良治、坂家家老岩淵千代治が立ち会うことを許され、決別した。山野川と岩淵の在東京での生活が、土佐と仙台藩出身の知り合いの医師との手紙に残されている。

土佐は、両人が国から出てきて右も左もわからないで苦労していることを気遣い、医師に下宿の斡旋等をお願いしていることや、両人が主人のために日常の必需品を医師と供に淀稲葉邸に差し入れしていることが手紙にある。そのような交流があったゆえに、土佐と坂が仙台藩邸に護送され、処刑されることを聞きつけて、仙台藩邸に出向いたのである。

仙台藩邸は、葭簀《よしず》で囲んだ控えとそれに続く幔幕で囲んだ処刑場があった。土佐と坂は無紋の上下で末期の酒を酌み交わしている。そこに、山野川、岩淵、但木良治が引き入れられ、両人と面会し、辞世等を求めた。快く両人は求めに応じて扇子などに揮毫したという。もちろんそれを受け取る三者は慟哭のあまり顔を上げることができなかったという。両人が武士道の極みである切腹ではなく、罪人のごとくの刎首であったことへの無情さと主人の無念の思いを噛みしめていたことが大きかったのではないだろうか。

記録にはないが、但木と坂はそれぞれ三人に追腹の殉死を固く禁じたと思われる。それぞれに但木家とその家臣と家族、坂家とその家臣と家族の始末を託したと思われる。そのことは、岩淵の場合、坂の「答辯（弁）書」を坂の息子琢治に手渡し、坂の処刑時の詳細を語っていることが『坂英力傳』に残っている。しかし、但木家の場合は、おそらく几帳面な山野川廣人と緻密で合理的な但木良治がまとめているはずのものが見つからないでいる。

黒川郡長を20年間近く勤め、その後この地方のために地主会、小作会を立ち上げ、土佐が実現しようとしていた済民を実行していた良治の末裔が家の建て替え時に焼き捨てたのではないかといっているが、定かではないのである。

しかし、山野川廣人は、土佐処刑の4年後に切腹している。そこで山野川家は滅ぶはずであったが、切腹に立ち会った医師河野養仙が山野川家を継いだのである。その山野川家は今も続いている。

廣人の切腹までの4年間は何を意味するのか。これは切腹を覚悟した人間の成したことでわかってくるのだが、なぜ切腹という殉死を覚悟したのかを解明したい。

吉岡城下古地図

現在の大和町吉岡は、但木土佐の千五百石采地の中心である。江戸初期から明治22年までの村名は「今村」であった。元和2年（1616）伊達政宗三男宗清が、水難のため下草（現大和町鶴巣）から今村に移転し、城下町建設を行なった。吉岡の地名の由来は、「今村」の別名「上の原」の繁栄を願った佳名（吉の名）「吉岡」からきたと『黒川郡誌』にある。

その「今村」の中にある「吉岡」に舘があり、宿場町がつくられた。伊達宗清没後、藩直営を経て奥山氏、但木氏が領有する。

明治元年新仙台藩、同4年仙台県を経て、同5年宮城県に属し、明治22年「今村」を吉岡町と改称した。正式には外向きに「今村」であるが、当時は「今村の中の吉岡」と呼ばれたように内向きには「吉岡」を使用していたようだ。二つの呼称は面倒に思えるが、在住していた者には使い分けができていたので支障なかった。佳名の「吉岡」が好かれ、親しみやすいゆえに二つの呼称があったと思われる。

吉岡は、藩組織でいえば「所拝領」で「舘」があり、「城」をもっていないが、舘を城と呼び、領主を「殿様」と尊称している。また、当時使用していた「舘下」、「古舘」（伊達氏の舘跡）の地名が現在も使用されている。吉岡の城下町は、近世江戸初期から現在まで町割りが変わっていない貴重な遺産である。

その城下町の現存する地図は、時系列にすると、

①「寛永十八（1641）の町割り断面図」（大和町教楽寺所蔵であるが不明）吉岡町裏・教楽寺周辺の屋敷割の一部

②「天和年間（1681〜1684）城下図・黒川郡今村奥山勘解由在郷屋敷繪圖（図）」（宮城県図書館所蔵）

奥山大学常辰《つねとき》隠居後、その子の奥山勘解由常定に天和元年所拝領された黒川郡今村（現吉岡）と名取郡二蔵村の領有と町場・宿馬（場）の経営、市の開催を認める。

館〈南北110間（約210m）×東西150間（約286m）〉を中心に107軒と足軽屋敷3地区の家臣屋敷が配置されている。その家臣屋敷を囲むように奥羽街道沿いに南から「上町、中町、下町」の町屋敷が続いている。家臣屋敷も北から反時計廻りに「長丁、六軒丁、八軒丁、四軒丁、前小路」と区分命名されていた。仙台藩において、町人の居住屋敷地を「町」、武士の居住屋敷地を「丁」と明確に区別しているように、吉岡もその典型を踏襲している。その点において吉岡は仙台城下のミニ版といってよい。他にも町人の屋敷割は大雑把に表記されている点でも同じである。町屋敷の屋敷割が具体的に公に出てくるのは明治になってからである。

上町に入る枡形直前には北側を寺屋敷、南側に足軽屋敷を配置する現在の志田町である。さらに、仙台方面から南北に走る奥州街道を囲むように両側に足軽屋敷が壁のようにある新田町、現在の道下、東車堰である。

館付近には蔵屋敷が南北に1カ所ずつ計2カ所あり、館門は南と東の2カ所で、南門近くに

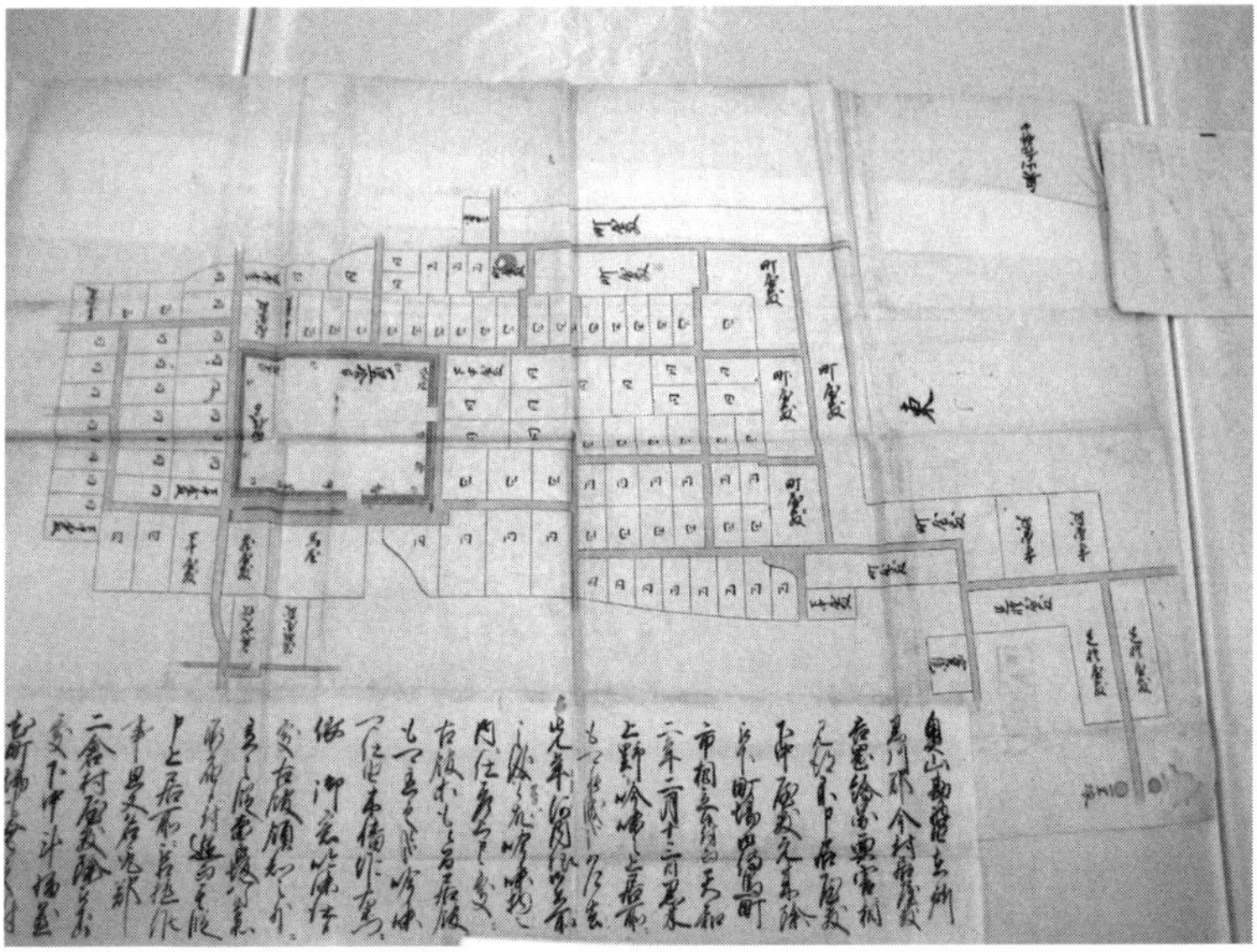

天和年間吉岡城下図（宮城県図書館所蔵・『賊雪耕雲』千葉茂より掲載）

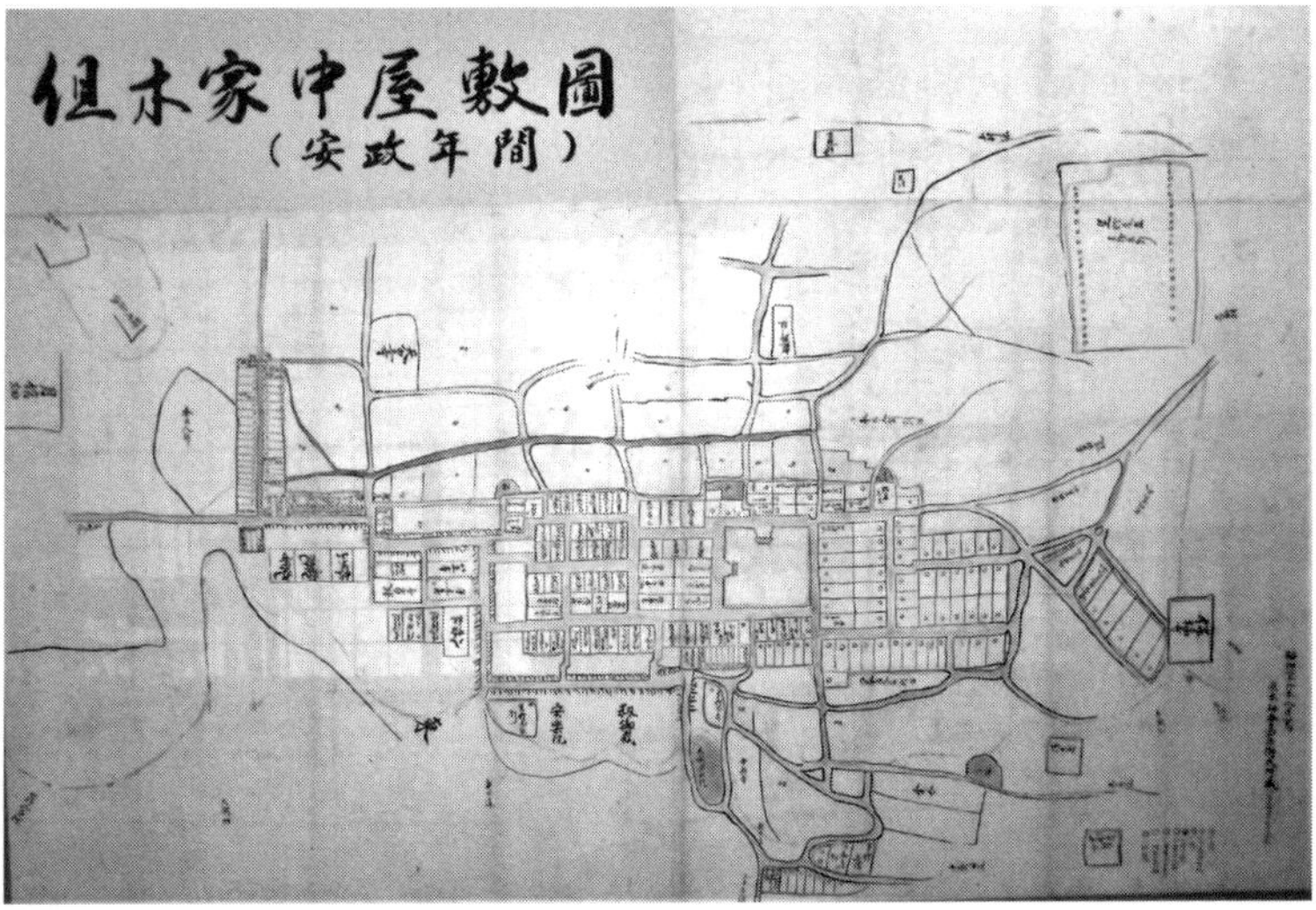

安政年間但木家中屋敷圖（保福寺所蔵）

安政年間但木家中屋敷圖（模式図・千葉茂作製）

但木家中屋敷圖（安政年間）（明治初年作製ト推定）

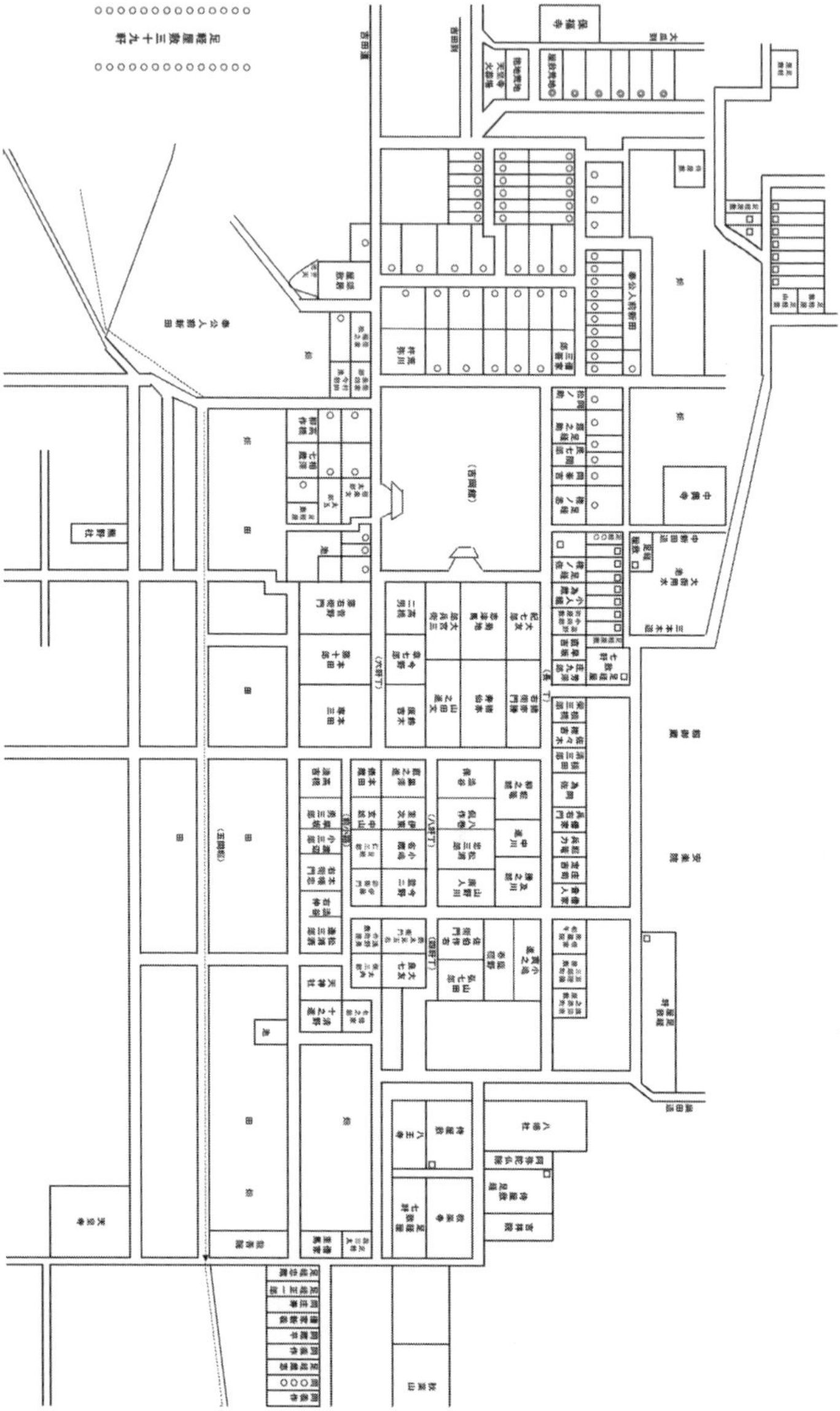

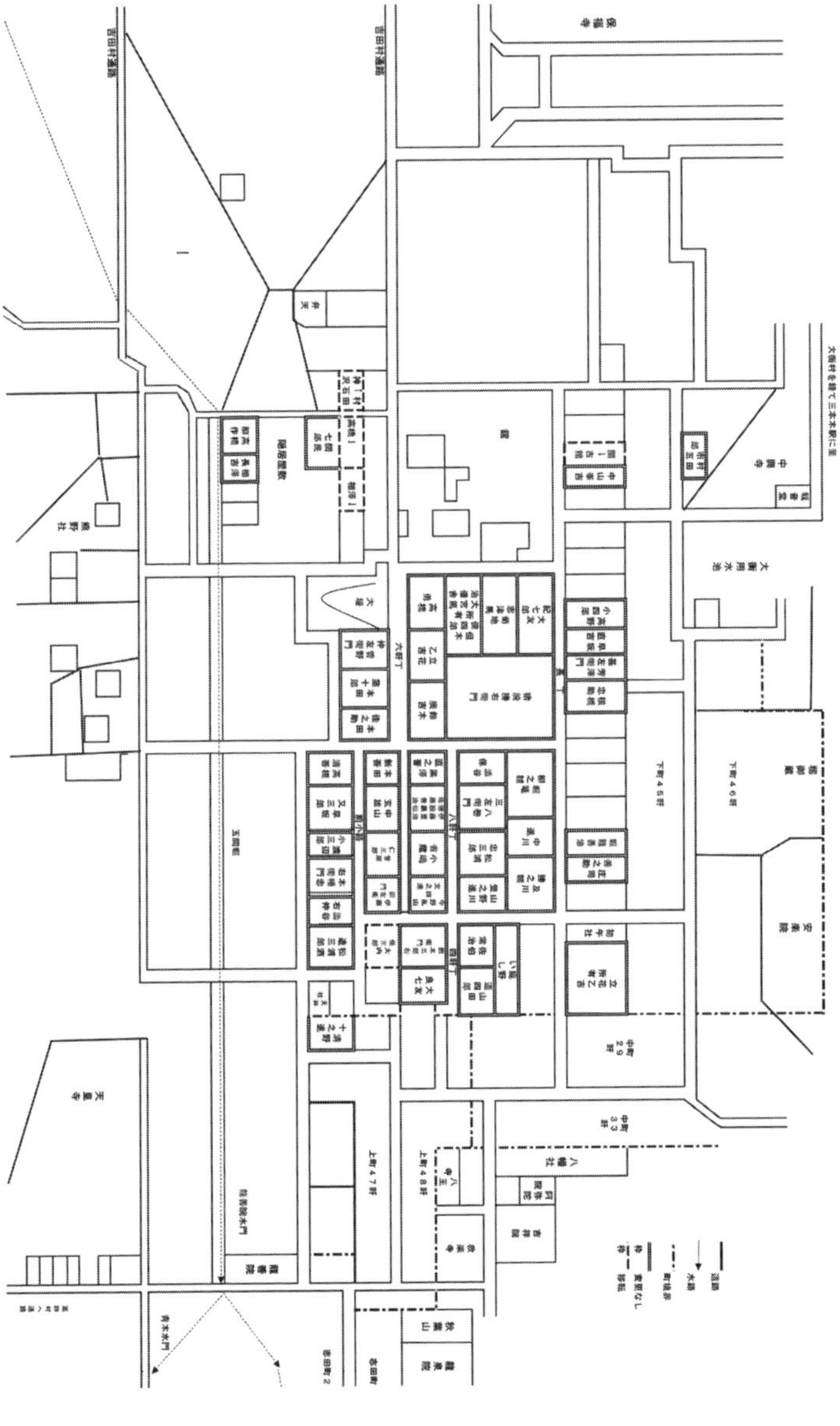

明治十一年改正戸籍図（模式図・千葉茂作製）

馬屋がある。舘は、それらに囲まれ、おそらく築地塀でしっかりと警護されていたと思われる。

他の地域の所絵図にはない隠居屋敷がある。伊達騒動（寛文事件）前段の奉行（家老）であった奥山大学常辰の隠居屋敷である。舘に近い南西側、現在は住宅地になっている古舘に在った。

③「文政六年（１８２３）製図面一部吉岡城旧図」（「文政六年黒川今村御用絵図」と同じ。所蔵先不明）

仙台藩御用図師（現測量技師）の吉川重兵衛（黒川郡落合村出身・１７８２〜１８４８）の作と思われている。大変緻密な絵図で、地形や地目ごとに色分けし、道路、河川、水路に至るまで精巧を極めており、村との境界、河川、屋敷割が現在の測量図と遜色ない。

黒川郡の村役人立合いで藩役人に届けていることから今村の領地を明確にし、年貢徴収の元帳扱いを目的に作成されたと考えられる。屋敷内の情報は、氏名はなく、各種記号で表記されている。

④「推定幕末吉岡城下図」（所蔵先不明）

作製年は不明であるが、前記③「文政六年（１８２３）製図面一部吉岡城旧図」を踏襲した白地図である。

⑤「但木家中（臣）屋敷圖（図）（安政年間）（１８５４〜１８６０）」（大和町保福寺所蔵）

サイズは１０８㎝×１６５㎝、三千分の一縮尺の絵図である。これは、前掲の④「推定幕末吉岡城下図」と同じサイズである。但し、屋敷地に家臣名が記載されているかいないかの違いである。また、③「文政六年（１８２３）製図面一部吉岡城旧図」と同じように地形・地目ごとに色分けされ、道路、河川、水路も色分けされている。作製の詳細は後述する。

⑥「明治十一年（1878）改正戸籍図」（所蔵先不明）

郡区町村編制法の施行により、作製された。ここでは模式図だけの掲載にしたが、武家屋敷地、町屋敷地の土地所有者が公にされた。⑤「但木家中屋敷圖」との比較によって土地所有者の変遷を見ることができる。模式図太枠は、安政年間から58家中の43軒（74・1％）が継続して居住し、現在（昭和59年）58家中25軒（43・1％）が今も居住している。

以上の吉岡に関する古地図の中で、家臣名が記載されているのは、⑤「但木家中屋敷圖」だけである。家長の名を入れる場合、年貢取り立て帳等で役人が資料とするが公にはならない。ましてや家臣の名が入る場合は、年貢の取り立てには全く関係ないことであり、どういう意図があるのか不思議なことである。

⑤は④「推定幕末吉岡城下図」に家臣名を入れたものであることから、幕末の吉岡城下の家臣すなわち但木家家臣の所有屋敷を示すものであることがわかる。

「但木家中屋敷圖（図）」の意図と山野川廣人

この家臣名入りの絵地図を、一体誰が、いつ、何のために、どういう必要から製作したのであろうか。

結論からいうと、この「但木家中屋敷圖（安政年間）」は、但木家家老山野川廣人が中心となって但木家領没収処分に対する、屋敷・屋敷地・耕作地（「給地」を除いた、但木家から家臣への支給地「奉公人前」、領主但木家所有地「抱《かか》（え）地」、「荒地」）の安堵を図るために明治初年に製作されたものであった。

この絵図の発見は、「土佐会」（但木土佐を顕彰する土佐の家臣組織）の元会長である鹿野七治氏の蔵で保福寺の笹山光紀住職が偶然見つけた。大きな図袋の面書きに「但木家中屋敷圖（安政年間）」とあった。絵図本体には何も記されていなかったが、その後、図袋の面書を絵図の標題にした。

この絵図には「畑谷嘉兵衛氏所蔵」と銘記されている。この畑谷氏は明治28年から32年まで吉岡町長を務め、この絵地図についての作製経緯、用途、価値について知悉していた。彼の末裔で、『吉岡町史稿本』を編纂し、史料収集に尽力した畑谷辰之助氏がこの絵図を引き継ぎ、同じ役場の幹部であり、土佐家臣の末裔である鹿野七治氏に渡ったと思われる。その経緯はわからないが、大事にしまっていたはずのものが蔵の取り壊しの際、しわくちゃになった状態で発見された。それも但木土佐百五十回忌供養を迎える年であったことは目に見えない力を感ずる。

○明治初年製作の理由

但木土佐が明治2年5月19日に処刑された以降、但木家家跡・家財没収となり、但木家は、立花（橘）と改姓し、家臣の屋敷地に土佐の孫「立花乙吉」の名前が絵図にあることから明治初年時のことであることがわかる。さらに、「天和」、「文政六年」の各地図には記載されていない大和町吉田にある保福寺、「足軽三十九軒」が、吉田地区の但木領を明らかにするために記載されていることからも明治初年の製作であることがわかる。

但木家家臣（陪臣）たちは、但木家家跡・家財没収により何とか生計を立てていかなければならなかったため、但木家から家臣に支給されていた「奉公人前」を但木家家跡・家財没収とは別に切り離して、帰農する策を図った。

本来であれば、家跡・家財没収であるから、「給地」はもちろんのこと、「奉公人前」（家臣への支給地）、「抱（え）地」（領主但木家所有地）、「荒地」も没収されるはずのものが、没収されなかったのである。その理由ははっきりしないのであるが、藩の責任を背負って処刑されたことへ同情する藩の一部の上層部によるお目こぼしがあったのかと思われる。それは、黒川郡がその後も仙台県、宮城県になっても単独で維持できたことにもあるようだ。詳細は後述する。

但木土佐の威光は、「雲水の行方はいず古　むさし野をただ吹く風にまかせたらなん」という辞世にあるように「雲水」になっても国、采地に発揮されていたとしか思えないのである。

絵図には「安政年間」（1854〜1860）と銘記されているのはなぜなのか。

上記③「文政六年（1823）製図面一部吉岡城旧図」は、測量がしっかりとなされ、武家屋敷、「奉公人前」、「抱（え）地」、「荒地」が正確で、地目が明確である。その測量図を基にして但木家所有地の全体像が捉えることができるのが「安政年間」であった。それは、天和、安政、明治の各地図における家臣数を比較すると、「安政年間」の家臣居住人数が一番多かったため、全体像をつかむことができるからであった。そして、明治初年時の居住者の継承、移動を把握し易かったことから、「安政年間」を基準としたと考えられる。

山野川は、明治6年に自決していることから、明治初年からの土地所有を公的に明確にする山場を明治4年の帰農時と捉え、明治6年の地租改正をリミットと定めていたようだ。その土地所有を明確にするために絵図を作製したのである。

その作製前に、土地所有者を確定しなければならない。家臣（陪臣）としての持ち高があり、仙台藩自体がその高に応じて役職を決めていたように但木家中も同様であった。家屋・屋敷地であれば、借地等もあるが、ある程度所有者の確定は容易であるが、その持ち高に応じた分配は、「奉公人前」、「抱（え）地」、「荒地」の場合、作柄の等級、水利の便・不便、作物耕作の適・不適等の問題があり、至難の技であったと推測できる。

○絵地図の製作者たち

山野川廣人を中心にこの絵地図を作製した理由は本領安堵のためであることは前述したとおりである。協力者は家臣名記載の筆の特徴から二名、「文政六年の白地図」作製の一名、兼務を含めて最低二名がいたと推測できる。独自に家臣名を記載した後に、仙台藩の絵図に則り、道・水路・池・境界・畑・水田・荒地等の仕上げの色分けをしている。

最後の仕上げに近い色分けで作製者は高揚感にあふれている姿が目に浮かぶが、山野川廣人だけは気が抜けなかった。但木家家老として土佐に後事を託され、本領安堵という強い使命から、但木家中屋敷、屋敷地を確保するために屋敷地に家臣名を入れるという難事の仕上げだからである。

○武家屋敷地等の安堵

「安政年間但木家中圖」と「明治十一年改正戸籍図」の屋敷地を比較すると、安政年間から明治11年への屋敷地の変遷がわかる。

領地没収後の但木家及び家臣は、「六軒丁今野章七郎」屋敷地を「立花乙吉」とし、「長丁亘理弥三郎」と「長丁渡辺直之烝」の各屋敷地も「立花乙吉」とした。その後、今野章七郎は「中町３０８番地」となって、「縁戚児玉金兵衛」の支援を受け、亘理弥三郎は「下町２７５番地」に居住し、渡辺直之烝は吉岡の戸籍図になくその後も不明である。

「六軒丁猪亦（股）寿仙」（その子猪股嬴仙《えいせん》）の屋敷地が「猪股勝右衛門」に売却され、「六軒丁山田文之進」の屋敷地も「猪股勝右衛門」に売却されている。その売却資金は使い道がわからないが、但木家安堵に使われたと思われる。

その後、山田文之進は「八軒丁今野紀《ただす》」屋敷地に居住、猪股嬴仙は「伊東重次」屋敷地に居住している。下町の「足軽屋敷」と志田町・道下の「足軽屋敷」は町屋敷になっており、吉田にあった「足軽三十九軒」は耕作地になった。

「但木家中屋敷圖」は、「奉公人前」、「抱（え）地」を含めた所領を「町屋敷・畑」、「町屋敷・荒地」と細部にわたり区別し、所有を明確にした。

山野川廣人が追腹することを知っているかどうかはわからないが、廣人の必死の覚悟で但木家（立花・橘）及び家臣の本領安堵のために絵図を作製している姿に、協力者と思われる人たちが出てきた。但木家の移転先となった「今野章七郎」、但木家のための資金集めに奔走しただろう「猪股嬴仙」、「山田文之進」たちに廣人の必死の覚悟が乗り移ったのではないかと思われる。

○帰農における「奉公人前」抱（え）地

仙台藩は、藩内各地・地方48カ所を上級家臣に知行地として与え、統治する「地方知行制《じかたちぎょうせい》」を採用していた。その各地・地方を「城」（仙台・白石）、「要害」（城に準ずる）、「所」（町場）、「在所」（農村）に分けられ、「要害」以下実際、城、舘として呼ばれ機能していた。

藩を南（仙南）、中（仙台及び県中央）、北（仙北）、奥（現岩手県南部、気仙地方）の4部に分け、その各部に郡奉行を一人配置した。その郡奉行の下に代官を置いた。その代官の下に現地事務担当の郡方役人と郡方横目（監察）がいた。その現地役人の下に村方役人である大肝入（郡内1名）、肝入（各村1名・貢租の取り立て・諸般の事務）、組頭（五人組内から1名）がいた。さらに大肝入直属の検断（町場の駅伝業務）が町ごとに置かれた。

『黒川郡誌』（p72）によると郡内の藩直属の地を「御蔵入」と呼び、領主の給与分を「御給（頂）所」と区別し、納税も「御蔵入」は藩庁へ、「御給（頂）所」は舘備えの蔵へとなっていた。

黒川郡内の所領は、宮床村が伊達氏、今村（吉岡）が但木氏、他の各所に所拝領の給人（地頭・領主）がいた。そのような中に仙台藩直轄の「御蔵入」が入り込んでいた。実際、各村が一団で与えられていたわけではなく、各村域にまたがっており、そこに各領主が存在していた。したがって、郡内は今のように明確な線による区画ではなく、入り組んだ複雑な区画の行政単位になっていた。また、その各村の行政は画一ではなく、各々趣を異にする。例えば、但木氏の今村の吉岡は町場であるがゆえに村役人としての検断が大きな存在となるが、同じ町場とはいえ富谷村新町は藩の直轄となり地域的な縛りが薄い。

但木氏の知行地は、『大和町史下』（p328）より、黒川郡における今村（59貫767文）、吉田村（30貫文）、大瓜村（23貫575文）、大衡村（17貫667文）、名取郡二ノ倉（18貫667文）、合計149貫676文で、石高1490石676文、約150貫（1500石）が藩からの給与、実高である。

それ以外の「奉公人前」は、黒川郡今村（31貫750文）・吉田村（1貫556文）・高田村（38貫723文）合計72貫29文（約720石）が但木氏から家臣への給与である。但木氏所領の総合計は、221貫966文（約2220石）である。

百姓が所有・耕作する農地を名請け記載される「百姓前」が検地帳にあるのが一般的である。給人家中（臣）である但木家の家臣が検地帳の名請け人になるのが「奉公人前」の抱え地である。それは、家中に年貢・課役負担がなく、家中の経済的・軍事的な基礎となっていた。

「奉公人前」は戦国以来の給人（領主）手作りであった。仙台藩は、給人に対して未開墾地の野谷地を支給し、給人は開墾して知行地とした。黒川郡の「奉公人前」抱（え）地は、奥山氏が開墾した所領で、但木氏先代がこの奥山氏のものを引き継いだ。開発した所領は勝手ということで知行表高には含まれないのである。

実際は、給人はそれらの開墾地を自己の家中に土地を割り当て、開墾させた。給人家中はそこに土着して、家中足軽層を開墾労働力として大規模な新田開発を行ない、農耕に従事し、主人からもらったその開墾知行地を検地の際、名請けとした。

「奉公人前」は、主人（給人・領主）に対する奉公の担保としての禄であり、給地である。主人にとっては、藩から給地以外のすべての管轄地という意味で「御抱（え）地」ということになる。

「奉公人前」は無税という誤解から研究がなされず、史料がとぼしい。「奉公人前」の家中は無税であるが、そこの耕作者・農民には「御給（頂）所」と同じ税負担があった。「御給（頂）所」に収まった税から家中の「禄」が支給されたのである。どちらにしても百姓の負担は変わらない。さらに、吉岡という町場のある今村は、年貢以外に伝馬徒歩という税負担があり、百姓にとっては過重な負担であった。

山野川廣人の仕事は、この「奉公人前」、「抱（え）地」、「荒地」を家中（臣）63人の持高に応じて分配することであった。『大和町誌下』及び『検地帳』の一部から、「奉公人前」を含む「抱（え）地」72貫29文（720石29文）の本領安堵が、明治4年帰農時の「高」、23貫588文（230石588文）で全「抱（え）地」の約33％で面積24町9段5畝4歩である。明治6年の地租改正時の「高」は不明であるが、面積56町1段9畝5歩である。明治4年時に較べると2倍になっている。その背景には、明治4年の帰農時は耕作地の所有を明確にすることを主体に、耕作面積を限定した可能性がある。明治6年になり、抱（え）地であった大衡等の飛び地にも拡大し、面積が増えたと思われる。

この本領安堵の全貌を見るためには、家中一軒ごとの「郡領御割目録」（家中への禄高と「奉公人前」抱え地支給地）、地券を確認する必要があるが、その地券及び役所におけるその記録一覧も一部しか見つからないため全貌はわからない。しかし、明治期、仙台藩の上級・中級家臣については地方知行制から新たな米支給の給付はわかっているが、土佐の家臣である陪臣の帰農記録が残っているのは珍しい。

「明治四年黒川郡今村抱地・・(判読不能)」タイトルの但木家家中(臣)記録は『大和町史下』(p336〜339)にある「第四表明治四年但木家臣団の帰農の実際」に「名」だけ記載されている。それと「安政年間但木家中圖」を照合して「姓」を確定した。それに基づいて「地区」を明確にした「明治4・帰農」と「明治6・地租改正」(『大和町史下』p363〜369)を一つの表にまとめた。章末〈「明治十一年改正戸籍図(舘下等)」明治4・帰農、明治6・地租改正〉の表によって、「奉公人前」抱え地が分配され、但木家中が帰農し、農民層に転化していく様子が見えてくる。

「但木家中屋敷圖」は地租改正時、役所に提出され、但木家の本領の一部である「奉公人前」抱え地の所有が認められた。没収されるはずの土地が家臣一同に分けられ所有が認められたということは前代未聞のことであった。

仙台藩自体が二十八万石に減ぜられ、藩財政の厳しい折、藩は今村(吉岡)を直轄地として財政に組み入れたいと思っていただろうが、但木土佐を見殺しにしたという負い目があり、藩の騒擾をはじめ旧勤王・恭順派のやり方に対する反発から但木家への同情心があったのだろう。繰り返しになるが辞世の「雲水」になった但木土佐の威光があったとしか思えない。さらに、吉岡が他藩預かりでなく藩内裁量であったことも大きかったと思われる。しかし、山野川廣人等は、主人である但木土佐の采地を護るという遺言を忠実に遂行し、成し遂げたことは間違いないのである。また、その後の吉岡ははじめ黒川郡の経済・財政基盤形成に大きな役割をなしたことも間違いない。

覚悟の殉死

山野川廣人は、明治2年5月19日、麻布仙台藩邸で主人但木土佐、坂英力の処刑に、土佐の甥但木良次、坂家家老岩淵千代治等とともに立ち会った。それによって、両氏の最期を見届け、今も両家で辞世と事績を引き継ぐことになった。

土佐との最期の別れにあたり、但木家の後を託され、追い腹を禁じられた廣人は土佐の辞世を涙ながらに噛みしめていた。しかし、廣人は岩淵とともに両者の亡骸を高輪東禅寺に姓名を刻むのをはばかり、「七峯樵夫之墓」(采地吉岡の七つ森の樵・きこり・しちほうしょうふ)、「黄海漁夫之墓」(采地黄海の海を掛けて漁夫・きのみりょうふ)と埋葬した。それらは藩命により撤去され、軒下にさらされた。これらの墓は見つかっていない。

主人但木土佐は、廣人の実直で、誠実な気質を好んでいたが故に、但木家の後を託したのである。そして、廣人は必ずや追い腹を切ると思っていたからこそ諫めたのである。武士として、主人の後を追うことは当然で、誉れであるという気質を廣人は幕末の武士道が廃れている中で脈々と保っていた。土佐は、このような骨太の気質をわかっていたのである。

明治6年5月20日、山野川廣人は切腹した。20日は、土佐の命日の次の日で土佐の誕生日であった。享年45である。廣人は、一人の妹を北海道に逃がし、「山野川」姓を懇意にしていた河野養仙(医師・宮城県登米郡出身で、山形県寒河江《さがえ》に住んでいたところ、廣人より吉岡に招聘された)に譲り、だれかれに迷惑と罪が及ばないように始末し、河野養仙立ち会いの下で自決した。保福寺過去帳には廣人の妻「ます」が明治34年4月1日享年65とあるが、妻も離縁したのか、不明である。

但木土佐が処刑されて4年が経っていた。この4年間をどのような思いで廣人はいたのだろうか。廣人は但木家の事後について心血を注いだ。そのことは、前述した「但木家中屋敷圖」の作製によって、「奉公人前」抱え地を63人に持ち高に応じて分配する至難を成し遂げた。

この分配の際、土地の優劣や広さにおいて不平や不満があったろうし、帰農を拒み吉岡を見限り転住した者もいただろう。土佐にかわいがられた者が追い腹をしないのかと白い目でみられ、陰口をたたかれたこともあったと思われる。その時の廣人の思いを察するに胸がはち切れ、耐えきれない心境ではなかったか。

「但木家中屋敷圖」作製にもみられるように、廣人は、ただ誠実だけではなく、幅広い物の見方と包容力、物事を論理的に緻密に詰めていく段取り力と実行力、そして最期まで諦めない忍耐力をもっていた。それを土佐は愛した。但木土佐に育てられ、今村（吉岡）の領

山野川廣人の墓（保福寺）

地を任されていた廣人に土佐は全幅の信頼を与えていたと想像できる。

ひるがえってみると、土佐が愛した廣人の能力は土佐が持っているものであり、このような力を持つ土佐を廣人は敬愛し、師と仰ぎ、土佐の無念を自分の一部に取り込もうとしていた。

土佐の処刑の後は、廣人にとって、自分の力を磨き、土佐に近づこうとした4年間ではなかったか。山野川廣人は、後追いの殉死ではなく、但木土佐と生き、死んだということを追体験し、自分の肉とした。すなわち、山野川廣人の死は、土佐の死に近づく究極の死ではなかったか。

山野川廣人には、土佐の無念と死を伴に生ききったという清々しい思いからか、辞世はない。土佐の墓がある大和町保福寺に先祖とともに眠っている。

過去帳には戒名「『賢明院開較議化居士』　八軒丁　山野川豊之進廣人　四十五才　土佐切腹之折側侍ス」とある。

「明治十一年改正戸籍図（舘下等）」明治４・帰農、明治６・地租改正

氏名	地区	居住比較		明治４・帰農			明治６・地租改正	
		前（安政）	後（明11）	面積／畝・歩	㎡	高／文	面積／畝・歩	㎡
萬右衛門	舘下長丁	小人組萬蔵（明４	別人居宅	32.23	3243.9	354	78.1	7725.3
小四郎	舘下長丁	（屋敷）	変化なし	22.26	2263.8	282	50.26	5035.8
直吉	舘下長丁		変化なし	48.24	4687.2	574	44.23	4431.9
甚左衛門	舘下長丁	庄九郎（明４	変化なし	30.12	3009.6	420	60.25	6022.5
忠助	舘下長丁	榮三郎（明４	変化なし	9.08	917.4	97	57.24	5722.2
養三郎	舘下長丁	清三郎	変化なし	45.06	4474.8	459	91.08	9035.4
善之助	舘下長丁	定吉（明４	変化なし	10.01	993.3	113		
乙吉	舘下長丁	３屋敷	立花氏				3716.27	367973.1
いし	舘下長丁	春碩	変化なし	85.23	8490.9	805	42.16	4084.8
善治	舘下長丁	勝之輔	変化なし				126.18	12533.4

進	舘下長丁		変化なし	27.02	2679.6	288	215.11	21321.3
柳之助	舘下長丁		変化なし	92.01	9113.3	1111	79.16	7873.8
勝右衛門	舘下長丁		３屋敷	22.18	2237.4	273	62.11	6174.3
紀七郎	舘下長丁		変化なし	34.02	3372.6	398		
志津馬	舘下六軒丁		変化なし	40.26	4045.8	487		
俊四郎	舘下六軒丁	大宮三郎兵衛（明４		49.14	4897.2	583		
借舎・篤治	舘下六軒丁		但木氏・借家					
廣吉	舘下六軒丁		変化なし	66.03	6543.9	609		
乙吉	舘下六軒丁	今野章七郎	立花氏					
藤十郎	舘下六軒丁		変化なし	19.12	1920.6	185		
仲左衛門	舘下六軒丁	藤右衛門	変化なし	22.13	2220.9	308		
保	舘下八軒丁		変化なし	66.13	6576.9	728	86.2	8520.6
三左衛門	舘下八軒丁	侃作（明４	変化なし	71.22	7101.6	774		
忠三郎	舘下八軒丁		変化なし	43.09	4286.7	473		

豊之進→勝治	舘下八軒丁→中町	廣人	変化なし	56.01	5547.3	649	22.27	2267.1
糺	舘下八軒丁	監二	変化なし	37.21	3732.3	426		
文之進	舘下八軒丁		六軒より移転	37.04	3676.2	401	95.1	9408.3
省蔵	舘下八軒丁		変化なし	26.01	2577.3	294		
嬴仙←寿仙	舘下八軒丁	伊東重次	六軒より移転	11.29	1184.7	170	73.15	7276.5
借舎・善治	舘下八軒丁		借舎					
重治	舘下八軒丁							
直之晋	舘下八軒丁	直之進	変化なし	61.24	6118.2	769		
道四郎	舘下四軒丁	弘七郎	変化なし	62.01	6141.3	740		
良七	舘下四軒丁		変化なし	46.17	4610.1	525		
三郎右衛門	舘下四軒丁	元五右衛門	変化なし	63.01	6240.3	605		
新吾	舘下前小路	俵蔵	変化なし	41.2	4065.6	522		

玄雄	舘下前小路		変化なし	53.2	5253.6	634		
仁三郎	舘下前小路		変化なし	24.16	2419.8	305		
卯左衛門	舘下前小路	卯衛門	変化なし	72.21	7197.3	684		
保三郎	舘下前小路	浅野勇作屋敷	隣より 移転	59.29	5936.7	731		
十之進	舘下前小路		変化なし	41.17	4115.1	523		
造酒三郎	舘下前小路		変化なし	40.22	4032.6	517		
右仲	舘下前小路		変化なし	29	95.7	296		
忠右衛門	舘下前小路		変化なし	11	36.3	138		
小三郎	舘下前小路		変化なし	11.02	1095.6	125		
又三郎	舘下前小路	勇三郎	変化なし	53.27	5336.1	615		
清吾	舘下前小路	浅吉	変化なし	19.23	1956.9	268		
文太郎 （三太郎	古舘	奉公人前	別人居宅	78.09	7751.2	306	67.26	6718.8
民七郎	古舘		長丁より 移転	5.11	531.3	59		
長吉	古舘		隠居屋敷	50.07	4973.1	522	125.26	12460.8

喜作	柿木			94.18	9365.4	221	33.2	3273.6
嘉吉→五兵衛	柿木			50.06	4969.8	648	29.07	2894.1
倉松	柿木						40.03	3969.9
三蔵	熊野堂			177.27	17612.1	321	52.08	5174.4
萬四郎	西原			110.08	10916.4	311	34.03	3375.9
寅蔵←寅吉	西原			122.23	12153.9	357	54.05	5362.5
三五郎	石神沢←西原			25.22	2547.6	329	81.02	8025.6
吉治	古舘	足軽					80.25	8002.5
峯吉	古舘	足軽・峯蔵	峯蔵→峯吉				13.18	1346.4
圓蔵	古舘	足軽		26.05	2590.5	317	69.13	6873.9
市五郎	石神沢	今朝進	古舘より移転	36.18	3623.4	518		
彌三郎	下町 275			29.09	2900.7	385	42.04	4171.2

章七郎	中町 308			2.22	270.6	36		
合　計				2,495.4	244,652.4	23,588	5,619.5	557,055.9
				24町9段5畝4歩		23 貫 588 文	56 町 1 段 9 畝 5 歩	

「主な参考文献等」（数字）は再版、『文字』は書籍、「文字」は論文

第1章　慶長遣欧使節支倉常長の終焉

『キリシタン殉教史跡の旅』荒木誠二　大陸書房　１９８８年
「キリシタンの地方研究」海老沢有道『地方研究』９巻３号　１９５９年６月
『キリシタン研究　第六輯』Ｈ・チーリスク　吉川弘文館　昭和36年５月
「帰国後の支倉常長とその周辺」土生慶子『仙臺郷土研究』１９９２年
『切支丹時代』遠藤周作　小学館　１９９２年２月20日
『切支丹の里』遠藤周作　中央公論社　１９７４年（２０１６・10・25）
『慶長遣欧使節　伊達政宗が夢見た国際外交』佐々木徹　吉川弘文館２０２１年９月１日
『消された信仰「最後のカクレキリシタン」』広野真嗣　小学館　２０２１年５月21日
『銃と十字架』遠藤周作　中央公論新社　１９８２年（１９９１・10・30）
『世界を歩いた切支丹』Ｈ・チーリスク　春秋社　昭和46年６月
「伊達政宗遣欧録」『大日本史料第十二篇之十二』東京大学史料編纂所　１９９６覆刻
『伊達政宗―文化とその遺産　悲運の人、支倉六右衛門』小林清治　理文出版　昭和62年
『伊達政宗の遣欧使節』松田毅一　新人物往来社　１９８７年９月
「支倉家関係資料について」浜田直嗣『仙台市博物館調査研究報告』１９８４年
「支倉家系図」『宮城県史　12』宮城県県史刊行会　昭和36年１月20日

「支倉常長追放文書の年代について」佐藤憲一『仙台市博物館調査研究報告』1988年
「支倉常長の墓は光明寺が正しい」佐々久『仙臺郷土研究』1959年
「支倉常長の最期について」山形敞一『仙臺郷土研究』1982年
『支倉六右衛門の墓について』佐藤宗岳　大郷町教育委員会　昭和32年（平成26年）
『歴史の謎を追うて』勝又胞吉　針勝商店　1964
「歴史の謎を追って　菅生・支倉周辺を中心に」高橋ふみ『仙臺郷土研究』1994年
『ローマへの遠い旅：慶長使節支倉常長の足跡』高橋由貴彦　講談社　1981
「宮城県大和町西風所在五輪塔」佐々木和博『仙台市博物館調査研究報告』1992年
『川崎町史　通史編』柴田郡川崎町　昭和50年4月30日
『川崎町郷土史年表』川崎町教育委員会　平成28年3月31日
『仙台市史　特別編8　慶長遣欧使節』仙台市　平成22年3月31日

第2章　隠れ切支丹後藤寿庵は殉教したのか、自然死か。

「胆沢扇状地と後藤寿庵の足跡」小岩末治『岩手県郷土史1』昭和43年7月1日
『えぞ切支丹』永田富智　講談社　昭和47年11月20日
『切支丹殉教史跡の旅』荒木誠三　大陸書房　昭和63年
「後藤寿庵」H・チーリスク『奥羽史談第二巻』大和学芸図書　昭和53年12月10日
「後藤寿庵」只野淳『登米郡米川村史』米川村史編纂委員会　1955年

「後藤寿庵の軌跡」司東真雄『奥羽古キリシタン探訪』八重岳書房　昭和56年7月25日
「後藤寿庵と福原」『水沢市史　近世』水沢市史刊行会　１９８２年
「後藤寿庵の生没と近世・近代」小岩末治『岩手県郷土史２』昭和44年５月１日
『仙台キリシタン史』只野淳　只野淳出版　１９５６年
『東北切支丹史』浦川和三郎　巌南堂書店　昭和32年（昭和43・６・30）
『東北のキリシタン殉教地をゆく』高木一雄　聖母の騎士社　２００１年（２００６・９・１）
『北方探検記』Ｈ・チーリスク　吉川弘文館　昭和37年３月30日
『日本切支丹宗門史上〜下』レオン・パジェス　岩波書店　１９９１年11月20日
『みちのく殉教秘史』　及川吉四郎　本の森　２００５年１月11日
『松前町史』松前町史編纂員会　昭和59年８月15日
『弘前市史』弘前市史編纂委員会　昭和38年10月21日
『岩手県史第４巻』岩手県　昭和38年３月30日
『和賀町史』岩手県和賀町　萬葉堂書店　昭和52年９月30日
『水沢市史３』水沢市史刊行会　１９８２年
『藤沢町史』藤沢町史編纂員会　昭和54年３月25日
『宮城県史12』宮城県県史刊行会　昭和36年１月20日
『本吉郡誌』本吉郡誌編纂員会　昭和48年３月８日

第3章　「犬切支丹」山崎杢左衛門の磔刑は「隠し念仏」の殉教か、それとも隠れ切支丹の殉教か。

「かくし念仏―御内法」司東真雄『司東正雄　岩手の歴史論集Ⅲ』昭和56年8月31日
『隠し念仏』門屋光昭　東京堂出版　平成元年5月30日
『隠れ念仏と隠し念仏』五木寛之　筑摩書房　2014年5月10日
『キリスト教と死』指　昭博　中公新書　2019年9月25日
『近世潜伏宗教論―キリシタンと隠し念仏』大橋幸泰　校倉書房　2017年2月25日
『死者と霊性』末木富美士　岩波新書　2021年8月20日
『殉教と民衆　隠れ念仏考』米村竜治　同朋社　1979年7月30日
『日本人にとってキリスト教とは何か』若松英輔　NHK出版　2021年9月10日
『磔』吉村　昭　文藝春秋社　1987年（1997・11・10）
『水沢市史3』水沢市史刊行会　1982年
『宮城県史12』宮城県県史刊行会　昭和36年1月20日

第4章　奥羽越列藩同盟主導者但木土佐と坂英力の死をどう捉えるのか。

『奥羽越列藩同盟と仙台藩』藤原相之助　柏書房　昭和57年
『奥州戊辰事変ノ真相ヲ闡明セル坂英力伝』坂琢治・坂英毅著坂正毅出版2020年9月
『七峰樵夫傳』土佐会　昭和59年
『戊辰始末　復刻版』藤原相之助　宝文堂　昭和47年

『戊辰戦争と「奥羽越」列藩同盟』栗原紳一郎　清文堂出版　平成29年
『吉岡町史稿本』吉田勝吉　宝文堂　平成2年
『歴史巡礼』尾木　公　幻冬社　2021年7月26日
『黒川郡誌　復刻版』黒川郡教育委員会　臨川書房　昭和61年
『大和町史　下』大和町　昭和52年
『宮城県史2巻』宮城県県史刊行会　昭和36年1月20日

第5章　但木土佐家臣山野川廣人は、なぜ、但木土佐処刑の4年後に殉死したのか。

『近世日本知行制の研究』J・F・モリス　清文堂出版　昭和63年
『七峰樵夫傳』土佐会　昭和59年
「仙台城下と武家屋敷」渡辺浩一『仙台江戸学叢書』平成22年
「幕末戊辰仙台藩の群像但木土佐とその周辺」栗原紳一郎『仙台江戸学叢書』平成27年
「150石の領主仙台藩士玉蟲十蔵の領地支配」J・F・モリス『仙台江戸学叢書』平成22年
『戊辰戦争・敗者の明治維新』佐々木　克　中央公論新書　昭和52年
『吉岡町史稿本』吉田勝吉　宝文堂　平成2年
『黒川郡誌　復刻版』黒川郡教育委員会　臨川書房　昭和61年
『大和町史　下』大和町　昭和52年
『宮城県史2巻』宮城県県史刊行会　昭和36年1月20日

あとがき

現代人にとって、想像するにしても不合理で、理解不能な殉教、処刑、殉死について見てきた。それらに共通する疑問は、なぜ信仰を捨てずに死を選ぶのか、主君のために身を挺して処刑を受けるのか、主君のためになぜ切腹するのかという、現代人にとって全く納得できない死を選んでいることではないだろうか。それも毅然として死を受け入れているのだ。

本書におけるそれらの死に共通することは、主を持っていることだ。殉教は、イエス、神・デウスであり、阿弥陀如来である。処刑は藩主である。殉死は領主である。主とともに生き、あの世に往くのである。これらの死への選択の背景には主に対する信仰、尊敬、畏怖があり、その思いとあの世へ往く喜びがあるからこそこれらの死を受け入れることができるのだろうか。

日本の現代社会には、信仰もなく、宗教への関心も薄くなっている中で、殉教、処刑、殉死という何かに殉ずることができないのは当然のことであろう。誤解を受けるかもしれないが、これらの死の選択はうらやましい。自死を認めたり、讃美するわけではない。何かに殉ずることができる対象を持っていることがうらやましいのである。

主もない無宗教、主従関係もない無身分、あの世を持っていない無浄土の現代社会において、到底これらの死を理解できず、過去のことと押し込んでしまうしかないのである。

しかし、信仰すべき主、あの世を持つことが、現代人においても平穏な生き方、死に方について求める価値ある信仰の対象となるように思える。ところが、記憶にあるオウム真理教のテロ以来、宗教に対する忌避感が生まれ、最近の安倍晋三元首相暗殺を取り巻く一連の家庭崩壊を招いた旧統一教会によって、ますますその忌避感が募ってきている。

これらによって、本来あるべき宗教観が先細りし、宗教を遠ざけていく現代社会だからこそ、殉教、処刑、殉死について、深く考え、生き方、死に方をどうするのかを問いかけていくことが現代の人間及び社会にとって大変重要な意義があると確信している。

第3章の山崎杢左衛門で触れた、隠れ切支丹と「隠し念仏」の習合によって生まれた「新たな隠し念仏」のように、先細りする現代の宗教の中で、純血ではない雑種で不純物の宗教が、習合という強靱な形で必然的に庶民に浸透してくるような気がする。

本書が、以上のことを考える契機になっていったならば、幸いである。

支倉常長の「使節任命年」、「終焉地・墓」に関して、また、後藤寿庵の事績及び仙台藩における役割について、さらに山崎杢左衛門の「新たな隠し念仏」としての殉教について、新たな史料、終焉地・墓の状況証拠から既説を見直した。

但木土佐と坂英力の死に至る東北戊辰戦争を『坂英力傳』から捉え直し、新たに両者の死と最期の思いを探った。山野川廣人が但木土佐処刑4年後に殉死するその4年間に成したこととその死について『但木家中屋敷圖』の視点から考えた。

今までの定説と違うことに違和感があろうと思われるが、ここまでに行き着く過程を考慮いただき、御批評を賜りたい。

多くの取材先では大変お世話になった。ここでは、取材先について私見を含めての情報を記し、この場を借りて御礼としたい。

【後藤寿庵　山崎杢左衛門　殉教地を訪ねて】

「岩崎地区交流センター」（北上市和賀町岩崎18—53—8　0197—73—6076）

この付近は、岩崎城跡、小学校などの文教地区で、交流センターもその中にある。交流センターの案内板が小さくて見逃してしまうが、小学校方面に向かっても行きつける。岩崎城跡にはセンターから歩いても行ける距離であるが、本丸ピークまでは整備がされていないので、城建築を模し、その後解体された資料館の旧施設までしか行けない。その資料館に展示されていたカルバリヨ神父像などが交流センターに移動展示されている。後藤寿庵が最期まで持っていたといわれているこの像は、カトリック米川教会（登米市）で展示している本吉町馬籠の切支丹所蔵の神父像と面影が似ている。

「後藤寿庵舘跡」（寿庵廟堂）（奥州市胆沢区福原）

福原地区の道路に案内標識がある。その案内標識に従い、脇道路に入ると、化粧道路と灯籠が連なる小路となる。道なりに行くとT字路にぶつかる。その手前左側に10数台止まれる駐車場がある。そこから、右50ｍで館跡、左約５００ｍで「黒州場」の墓地に着く。

「黒州場」（クルスバ・奥州市水沢区袖谷地44―10）

「山崎杢左衛門磔刑の地」（水沢町外小山崎・現大林寺水沢小山崎墓地・奥州市水沢区字真城字中野17―２）

水沢地区内の住宅地にある。カーナビの案内とおりに目的地に着く。但し、磔刑地全体は墓石がひしめいていて、当時の面影はない。

「カトリック水沢教会」（奥州市水沢区川端１９１―１　０１９７―２５―７７０７）

水沢地区の小学校の近くで、住宅地内にある。駐車場は10数台止められる。教会入口に、白石隆一画を基にしているという壁像がある。威厳と端然とした趣で後藤寿庵の人柄がしのばれる。

「寿庵堰」（奥州市胆沢区小山明神下）

「上堰・下堰の分岐点大違」の住所・胆沢町小山二枚橋が大字、小字の地名が消えてわからない。奥州市教育委員会・歴史遺産課の高橋氏の住宅地図等の教示により、小山明神下に行き着く。

「岩淵右近の墓」（奥州市胆沢小山久保→胆沢区小山字弁天下34）

岩淵右近の墓は、ここ周辺ですというカーナビの案内でも、住宅地図でもわからず難儀した。土地勘のない場合には何度も行ったり、戻ったりして、地元の方の案内によって、やっとたどり着いた。墓までの50ｍ余りを刈り払いして管理している小野寺氏のおかげである。本文でも書いたが、『水沢市史』に書かれている内容と異なり、どちらが本当なのか気になっており、今後の課題となった。また、市史の案内住所は、前述の「小山字弁天下34」の番地が該当するのではないだろうか。河川の女神「弁天」が河川開発者にふさわしいと思うからである。

「山崎杢左衛門菩提寺」（本浄寺・奥州市胆沢区小山道場65　０１９７―４７―０３５７）

胆沢地区は広い。扇状地の胆沢地区に寿庵は堰を築き、このような豊穣の地を作った。その中で、前沢地区にあった本浄寺を山崎杢左衛門がこの地に移るように遺言した所である。住職・有住実明氏には、貴重な時間を割いてもらいご教示いただいた。

「大籠キリシタン資料館」（一関市藤沢町大籠右名沢２―８―７　０１９１―６２―２２５５）

米川の狼河原（登米市東和町）から大籠（一関市藤沢町）へ鉄精錬が移動した。それに従事する者は全国から集まったキリシタンであった。両地区はそのため数知れずの犠牲となる殉教地となった。

本文でも触れたが、その藤沢の町から大籠に向かう国道２９５線道路脇には、ハセバ（架場）首塚、トキゾー沢刑場、保登子首塚が連なっている。さらに、資料館に近づくと上野刑場、祭畑刑場、地蔵の辻の殉教地から国道に沿った大籠川が血で真っ赤になったことを想像すると、恐ろしくなってくる。そして、資料館と殉教公園を東から取り囲むように千松兄弟、台転場、上ノ袖首塚の殉教跡地がある。大籠切キリシタン資料館と大籠キリシタン殉教公園はこのような殉教のど真ん中にあるのだ。

「大籠キリシタン殉教公園」（一関市藤沢町大籠右名沢2―8―7　0191―62―2255）

「殉教公園の碑」については冒頭の「はじめに」おいて記載。

資料館の事務局長金野壮氏、さらにスタッフの皆さんに大変お世話になりました。

「寿庵の墓（後藤寿庵追善供養碑）」（登米市東和町米川西上沢）

米川の殉教地にある後藤寿庵の墓（供養碑）は国道346号線の脇道にあるのだが、その脇道がわかりにくい。

大籠キリシタン資料館のある東方面から来る場合、案内板が民家の壁にかかっているが、注意しても見つからず、周辺を何度も廻りながら、結局徒歩で見つけた。周辺にある輸送業者駐車場兼社屋に車を止め、道路脇の看板を見つけ、蔵と並ぶ大きな農家のハウス脇のきれいに刈り払いされたあぜ道を行くと時間が止まったような空間があった。遠くを見ていたつもりが、地図と地べたを見ていたに過ぎなかった。供養碑そばには十数個の墓石が並んでいる。

「カトリック米川教会」（登米市東和町米川字町裏41―2　0220―45―2052）

国道346号から米川の町に入り、西側の高台に教会がある。瀟洒なたたずまいである。5台前後の車が止められる駐車場があり、建物の中には、本吉町馬籠の隠れキリシタンの遺物が展示されている。岩崎地区交流センターのところでも触れたが、展示の僧像が寿庵所持のカルバリヨ僧像と似ていることにびっくりしている。

「三経塚」（登米市東和町米川東綱木）

米川の町から国道456号を北上し、農村風景とは異なる広々とした空間の綱木農村公園が右手にある。そこから東側奥に山道の入口がある。昔のままの海無沢の経塚に向かっている。坂を上りきる手前の処刑場跡に寒けを覚えるが、登りきって平坦になってから、ここで凄惨な迫害があったとは思われないぐらい、澄んだ空気と木々が静謐な空間を描き出す。あまりのギャップにカメラのシャッターを切るのに一瞬戸惑う。

【支倉常長の墓を探訪】

①光明寺（仙台市青葉区青葉町3―1　022―234―6660）

地下鉄南北線・北仙台駅で下車し、陸羽街道（奥州街道）の北方面に歩いて5分の日浄寺（坂英力の墓・顕彰碑）を見てから、陸羽街道を道なりに駅側に戻り、踏切を渡り、5分ぐらいで北山五山の一番北にある光明寺に出会う。車の場合、街道沿いに5台スペースの駐車場があるが、山門脇を登っていくと20数台止まる駐車場がある。常長の墓は本堂に向かう厳粛な一角にある。

②円福寺（柴田郡川崎町大字支倉字宿154　0224―86―2407）

仙台から川崎町方面に向かうと標識支倉団地に出会う。近くにあるのかなと思っていたならば、国道から脇道に入ると懐かしい、小川があり、それに沿って田んぼと、屋敷が点在する東北の原風景が現れる。支倉小学校あたりでカーナビがこの周辺ですとアナウンスするが、見つからない。何度この周辺を行ったり、来たりしたか。小学校の並びに道路に面した石門を見つけ、奥に本堂らしき建物が見える。

常長の墓は、本堂裏の頂上付近にある。そこから眺めると、支倉小学校が真正面に見える。この寺は、この地域の中心であることがわかってくる。この中心に行きつくのにこの地域を知らないと行きつけないことになっているようだ。それは、入口の石門が地域に溶け込み、見つからない仕組みに現れている。

③大郷町西光寺（黒川郡大郷町東成田西光寺）

大郷町から仙台方面に向かい、道路上のゴルフ場の看板を過ぎると、支倉常長メモリアルパークがある。平日にもかかわらず5台以上の車が入れ替わりしている。常長の人気と謎に魅せられて引き寄せられているようだ。入口には、大和町出身の彫刻家佐藤忠良氏による支倉常長立像が迎えてくれる。人品清冽な面立ちと姿が大変印象的である。

入口から、7分前後で墓に着く。いつもながら、山道は浄められ、きれいである。近くに住む方が、代々掃除と整備をしている墓守なのだ。ここにも常長の墓伝承を物語る人たちがいるのである。

④桂蔵寺（黒川郡大郷町川内下堰場12　022―359―2940）

大郷町から利府・松島行の県道から桂蔵寺案内看板のある脇道に入る。おそらく、この道路は当時盛んに往来があったのであろうが、今はその面影は全くない。桂蔵寺に近づくと、どこかで見た風景だなと懐かしく思う。小川があって、その両側に田んぼと屋敷が点在している。そこに小さなこんもりとした森とお寺がせまってくる。

その森の中に常長の末裔の墓群がある。寺の裏山になるので、結構な登りである。雨上がりは相当難儀しただろう思われる。棺桶をこの地まで上げるのを想像すると難儀を超えて、畏敬の念に変わる。

⑤大和町西風（黒川郡大和町吉田西風）

大変難儀した。吉田の大堤付近のこんもりとした森だと目星を付けたが見つからないでいた。町役場の藤井裕二氏の案内により、行くことができた。本文でも触れたが、連日の地震等で五輪塔が倒れていた。

屋敷地内にあった五輪塔とすれば、この五輪塔のある高台より下に屋敷が存在していたのだろうか。区画整理された田んぼを眺めながら、散在しているどの屋敷が該当するのかと想像している。藤井氏には今回もお世話になった。

⑥茂庭綱元の墓（栗原市栗駒文字愛宕下）

栗原市文字は、隠れ切支丹伝説がある三迫川と二迫川にはさまれている森の間に田んぼと屋敷が散在する。

最初、墓は茂庭綱元が再興した洞泉寺にあると思い込み、見つけることができなかった。頼るは、高校の同級生で曹洞宗僧侶の佐藤澄隆氏に連絡した。通夜の前にも関わらず、洞泉寺内ではなく、愛宕神社の並びの道路沿いにあると教えてくれた。ありがたい。この時も足元だけを見て、俯瞰する気持ちが欠けているのである。

⑦小山八幡神社（奥州市胆沢区小山字八幡堂69　０１９７―４７―０５５９）

後藤寿庵の史跡を訪ねて奥州市に行った際に、支倉常長の墓があるといわれている神社を訪れた。先代宮司が常長の墓を提唱していたが、今は他家の人が宮司を務めているので、先代の末裔が神社の隣接地に住み、管理を行なっている。案内がなければ、五輪塔は見つけられない。五輪の塔が数基あり、あとはこの地域の共同墓地になっていたようだ。

宮司の末裔には、神社の由縁はじめ五輪塔への案内等で大変お世話になった。

【但木成行之墓・招魂碑と坂時英之墓・顕彰碑、山野川廣人の墓】

①但木成行之墓（保福寺　黒川郡大和町吉田字一ノ坂30　022—345—2445）

大和町には、国道四号線から吉岡の町に入っていくことを勧める。17世紀初めに伊達政宗三男宗清が大和町鶴巣から吉岡に移ってから幕末の但木家まで町割りが変わっていないのである。

保福寺は、今は自衛隊大和駐屯地の西側にあるが、当時の吉岡の町・舘跡から大衡、色麻、中新田へ行く道路に面していたのである。吉岡の舘から西の船形山方面に向かっていくと、案内看板がある。そこに入ると大きな松があり、旧道の趣があり、目を転じると杉並木と山門が見える。

創建時の荘厳な本堂を復元し、その西側に勝海舟揮毫、土佐の従兄弟・日銀総裁富田鐵之助と土佐の孫乙吉と家臣による「但木成行招魂碑」があり、本堂裏に行くと「但木成行之墓」、本堂西側奥山大学の墓前に山野川廣人の墓がある。

但木家家臣末裔で構成されている「土佐会」による案内標識がある。土佐150回忌法要時に設置したのである。

保福寺笹山光紀住職には今回もお世話になった。感謝申し上げたい。

②坂時英之墓（日浄寺　仙台市青葉区堤町2—2—1　022—234—9082）

前記した光明寺のところで紹介している。山門をくぐり西側の墓石群の入口門のすぐ右側に坂家の墓と並んである。その墓域の中に、「囚中述懐三首」と辞世が刻印されている顕彰碑がともにある。静寂として周辺の雑踏から隔離されている。

③山野川廣人の墓

但木土佐のところで触れている。山野川家の廣人までの墓は、保福寺創建時の奥山家の墓に面している。河野養仙以降の山野川家の墓は「但木成行之墓」の前にある。

最後になりましたが、郁朋社歴史文学振興会主催の歴史浪漫文学賞・優秀賞の受賞及び出版に関するおしみない力添えをいただいた郁朋社佐藤聡氏に感謝申し上げます。

【著者紹介】

千葉　茂（ちば　しげる）

1954年宮城県栗原市生まれ　福島大学経済学部卒業
元宮城県高等学校長
仙台郷土研究会員　みやぎ街道交流会員

著書

『幕末・維新と仙台藩始末～雲水の行衛はいつ古』
（創英出版　2018年第21回自費出版文化賞特別賞）
『賊雪耕雲―仙台藩宿老但木土佐家臣末裔』
（金港堂出版部　2019年）
『受容と信仰　仙台藩士のハリストス正教と自由民権』
（金港堂出版部　2022年第25回自費出版文化賞特別賞）
『殉ずるものたち　仙台藩キリシタン時代から幕末・維新』
（2024 第24回歴史浪漫文学賞　優秀賞）

殉《じゅん》ずるものたち
――仙台藩《せんだいはん》のキリシタン時代《じだい》から幕末《ばくまつ》・維新《いしん》――

2024年7月23日　第1刷発行

著　者 ― 千葉《ちば》 茂《しげる》

発行者 ― 佐藤　聡

発行所 ― 株式会社 郁朋社《いくほうしや》

〒101-0061　東京都千代田区神田三崎町 2-20-4
電　話　03（3234）8923（代表）
ＦＡＸ　03（3234）3948
振　替　00160-5-100328

印刷・製本 ― 日本ハイコム株式会社

装　丁 ― 宮田　麻希

　ISBN978-4-87302-812-5 C0095